# Umbanda
## Sem Medo e Sem Preconceito

Flávio de Oxóssi
Inspirado por
Pai Benedito de Aruanda

# Umbanda
## Sem Medo e Sem Preconceito

MADRAS

© 2014, Madras Editora Ltda.

*Editor:*
Wagner Veneziani Costa

*Produção e Capa:*
Equipe Técnica Madras

*Revisão:*
Arlete Genari
Margarida Aparecida de Santana

---

**Dados Internacionais de Catalogação na Publicação (CIP)**
**(Câmara Brasileira do Livro, SP, Brasil)**

Oxóssi, Flávio de
Umbanda sem medo sem preconceito/Flávio de
Oxóssi. – São Paulo: Madras, 2014.

ISBN 978-85-370-0890-4

1. Umbanda (Culto) 2. Umbanda (Culto) – Filosofia I. Título.

13-13445   CDD-299.60981

Índices para catálogo sistemático:
1. Umbanda: Religiões afro-brasileiras 299.60981

---

É proibida a reprodução total ou parcial desta obra, de qualquer forma ou por qualquer meio eletrônico, mecânico, inclusive por meio de processos xerográficos, incluindo ainda o uso da internet, sem a permissão expressa da Madras Editora, na pessoa de seu editor (Lei nº 9.610, de 19.2.98).

Todos os direitos desta edição reservados pela

**MADRAS EDITORA LTDA.**
Rua Paulo Gonçalves, 88 – Santana
CEP: 02403–020 – São Paulo/SP
Caixa Postal: 12183 – CEP: 02013–970
Tel.: (11) 2281–5555 – Fax: (11) 2959–3090
www.madras.com.br

# Agradecimentos

É muito bom poder fazer um agradecimento especial a todos aqueles que contribuíram para a realização deste trabalho. Por isso:

Agradeço a Deus, meu Divino Criador, pela vida, pelos dons recebidos e por todas as pessoas maravilhosas que foram colocadas no meu caminho, sobretudo aquelas que ajudaram a moldar o meu caráter, a me fazer confiar na sabedoria da vida e a fortalecer a minha fé.

Agradeço aos Sagrados Orixás, Divindades de Deus e sustentadores da vida e da criação.

Agradeço ao Divino Mestre Jesus, meu maior exemplo de vida e minha maior inspiração.

Agradeço aos trabalhadores e aos amados Guias do Templo de Umbanda Mamãe Oxum e Caboclo Trovão.

Agradeço especialmente ao Caboclo Trovão e à Cigana Rosa, pela minha Iniciação Umbandista e ao meu Mentor, Pai Benedito de Aruanda, pela confiança em se servir de tão imperfeito instrumento para trazer um pouco de sua luz ao mundo.

Agradeço ao meu amigo, irmão e Pai Alexandre, pelo carinho, pelo exemplo e pela confiança.

Agradeço a Mãe Camila pela oportunidade de, por intermédio de Mãe Rosa, fortalecer minha convicção na imortalidade da alma.

Agradeço aos meus amados Guias pela inspiração, pela proteção, pela confiança e pela paciência com minhas muitas imperfeições.

E, por fim, teria inúmeras razões, tais como o amor, a amizade, o respeito, a cumplicidade e a minha maior riqueza – o meu filho Lucca, para agradecer à minha amada Adriana. Mas, nessa realização, preciso agradecer especialmente por suas análises, sugestões e revisões, sem as quais teria sido impossível concluir este trabalho.

# Índice

Apresentação ................................................................. 9
Parte I – A Religião na História
da Humanidade ............................................................ 11
Capítulo 1– O Sentido de *Religare* ......................... 13
Capítulo 2 – A Igreja e a Demonização das
Religiões Pagãs ............................................................ 17
Capítulo 3 – Diferentes Caminhos para Deus ........ 23
Capítulo 4 – A Jornada de um Homem em
Busca do Criador ........................................................ 27

Parte II – Umbanda:
Uma Religião Brasileira ............................................ 37
Capítulo 5 – Da Atlântida para o Brasil Moderno
– uma Possível Teoria ................................................ 39

Capítulo 6 – O Nascimento da Umbanda e suas Conexões com Outras Religiões ............................................. 43
Capítulo 7 – Evolução da Umbanda: Passado, Presente e Futuro ............................................. 47

## Parte III – Umbanda Tem Fundamento ......... 55

Capítulo 8 – O que são os Orixás ............................................. 57
Capítulo 9 – Umbanda: Uma Religião Magística ............. 65
Capítulo 10 – Umbanda: A Manifestação do Espírito para a Caridade ............................................. 81
Capítulo 11 – Vai Começar a Gira ............................................. 97
Capítulo 12 – Começou a Gira ............................................. 109

## Parte IV – Preces aos Sagrados Orixás e ao Divino Criador Olorum ............................................. 123

Oração a Pai Oxalá ............................................. 125
Oração a Pai Oxóssi ............................................. 126
Oração a Pai Obaluayê ............................................. 127
Pai-Nosso Umbandista ............................................. 129

Referências Bibliográficas ............................................. 131

# Apresentação

Quando comecei a estudar a Umbanda, senti uma enorme dificuldade para compreender essa religião com tantos mistérios e fundamentos.

Às vezes eu lia que Jesus era Oxalá, que São Jorge era Ogum e que São Sebastião era Oxóssi. Outras vezes, lia que os Sagrados Orixás eram divindades e não seres encarnantes, como foram Jesus ou os santos.

Alguns livros diziam que a Umbanda é uma religião genuinamente brasileira. Outros afirmavam que é um novo formato de religiões e tradições milenares, oriundas dos tempos da civilização atlante.

E, não bastassem as divergências na literatura, chamou-me muito a atenção a complexidade dos termos e sua dificuldade de compreensão.

Nessa caminhada umbandista tenho plena convicção de que ainda tenho muito, muito a caminhar, a aprender e a descobrir. Meu conhecimento certamente é muito pequeno frente à grandeza dessa maravilhosa religião.

Mas, ainda assim, com o encorajamento dos meus amados Guias e com o apoio de mestres e amigos, acreditei que poderia usar minha experiência profissional de escritor e professor para trazer aos leitores uma obra diferente.

A presença e a inspiração de meu mentor, Pai Benedito de Aruanda, fizeram-me acreditar que eu poderia utilizar minha vivência em outras religiões e em uma das mais honrosas Escolas Iniciáticas da Humanidade, para ajudar os Buscadores da Verdade a perceberem a Umbanda como uma religião que se fundamenta em mistérios milenares e sagrados.

Dessa maneira nasceu esta obra. Um livro que, muito longe de esgotar o assunto, tem a proposta de ser apenas um ponto de partida que permitirá ao leitor alçar voos mais altos na busca de novos e mais profundos conhecimentos.

Desejo a você, prezado leitor, uma excelente leitura.

Um forte e carinhoso abraço. Axé!

*Flávio de Oxóssi*

# Parte I

## A Religião na História da Humanidade

## Capítulo 1

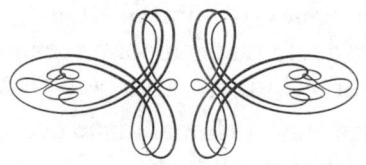

# O Sentido de Religare

Escondido no interior da caverna, o homem se encolhia tomado de pavor. Lá fora, a tempestade derrubava até mesmo as árvores mais robustas e o forte vendaval bradava arrastando o que via pela frente.

Diante da incontestável força da natureza, aquele homem pré-histórico nota o quanto é pequeno e frágil.

Ainda que dotado de uma mente primitiva, o instintivo medo da morte, pela primeira vez, faz o homem imaginar que existe uma força maior que controla seu destino.

A chuva cessa. O homem então percebe que não será aniquilado pelas águas e pelo vento.

Sai da caverna e contempla o céu com um sentimento de gratidão. Pega então um cacho de uvas que colhera pela manhã e o deposita sobre a Grande Pedra, como uma forma de agradecer àquela força e, quem sabe, aplacar sua ira.

Nasce aí uma conexão entre aquele homem e aquela Força Superior manifestada na Natureza.

Nasce aí um culto religioso, uma ligação do homem com a Divindade.

A palavra religião vem do latim *religare* e significa estabelecer uma conexão com o Divino. Uma religação com Aquilo ou Aquele que é incompreendido, mas que de alguma forma é percebido, sentido pelo Homem.

Ao longo das eras, a Humanidade evoluiu e, da mesma forma, evoluiu a prática religiosa.

O homem das cavernas, por temor, por medo, reverenciava as Forças da Natureza.

O homem moderno, por amor, reverencia ao Criador, Deus, o Pai Celestial, Jeová, Alá, Olorum, o Grande Arquiteto do Universo, A Presença, Brahma, Tupã, o Grande Espírito e outras designações para o Eterno, o Incriado, o Ser Supremo.

É bem verdade que alguns homens modernos, ainda presos a conceitos primitivos, entendem Deus como um pai severo, sempre pronto a castigar e punir Seus filhos por seus desvios de conduta.

Mas, se deixarmos de lado as crenças pessoais e considerarmos a humanidade como um todo, vamos perceber a evolução nessa relação entre a Criatura, em constante processo de mudança, e seu Criador, aquele que, em sua perfeição, é imutável.

Para o homem primitivo, que temia e não entendia as Forças da Natureza, o Sol, a Lua e o Trovão eram o próprio Deus.

Ao colocar seu melhor cacho de uvas sobre a pedra ele estabelecia, dentro de sua rudimentar compreensão, uma ligação direta com o Criador.

Com o tempo, outros homens das cavernas também evoluem em sua consciência e reconhecem a presença desse

Criador. Passam então a colocar suas frutas sobre aquela mesma pedra. Nasce ali o primeiro Templo.

Cada homem tem livre acesso à pedra e lá, de sua forma, dentro de seu nível de compreensão, religa-se com Deus. Ao oferendar seu alimento, o homem primitivo está cultuando aquela Força Superior.

Acontece, porém, que em uma aldeia, por seu jeito mais aprimorado de cortar e preparar as frutas, um daqueles homens primitivos é designado para cuidar das oferendas de todos os outros homens.

Ele agora é o responsável por cuidar daquela Pedra Sagrada e preparar as frutas, cortando-as de uma forma especial para assim agradar a Deus. Nasce, então, o ritual. Aparece, assim, a figura do sacerdote.

Mais do que preparar as oferendas e realizar o ritual, o sacerdote vai assumindo, de fato, uma liderança espiritual sobre seu grupo. Passa a ser uma ponte entre os homens e Deus.

Desde então, na história das civilizações, a figura do sacerdote sempre esteve presente.

Algumas vezes, o sacerdote possuía de fato uma profunda conexão com o Criador e com as Forças da Natureza e cumpria seu papel religioso. Atuava como um verdadeiro canal de ligação dos homens com o Divino.

Todavia, algumas vezes, o sacerdote era apenas um homem que conhecia um ritual religioso, mas que por não possuir uma conexão verdadeira e profunda com o Sagrado, não era capaz de religar os homens com o Criador. Esses homens possuíam o título de sacerdotes, mas, na prática, eram incapazes de facilitar seu próprio caminho e o caminho dos outros homens a Deus.

Nessa escalada da Humanidade surgiram também homens que aprenderam a dominar as Forças da Natureza por meio de rituais específicos.

Quando esses homens integravam o uso dessas forças naturais a uma profunda e verdadeira reverência ao Criador, utilizavam-se dos elementos da Natureza para ajudar outros homens. Era a prática da Magia. Magia Branca.

Mas, quando movidos pelo egoísmo, pela vaidade e pelo orgulho, frutos da ignorância espiritual, esses homens passam a utilizar os rituais mágicos para prejudicar outros homens; nasce assim a Magia Negra e, desde então, a humanidade vive esse conflito entre as forças do bem e as forças do mal. A luz e as trevas.

CAPÍTULO 2

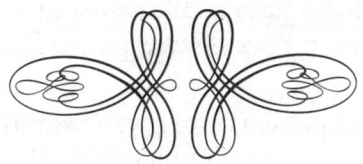

# A Igreja e a Demonização das Religiões Pagãs

Nessa caminhada da civilização humana, onde se misturam sacerdotes, magos, guerreiros, poetas, reis, nobres, plebeus, pessoas famosas e comuns, surgiram homens e mulheres dotados de uma maior sensibilidade para sentir e, por vezes, estabelecer contato direto com outras realidades além do plano material. Pessoas capazes de ver além dos olhos, de ouvir além dos ouvidos, de sentir além dos sentidos e até mesmo de enxergar o que ainda estava para acontecer, isto é, prever eventos futuros.

Essas pessoas foram chamadas de profetas pelos hebreus, de pitonisas pelos gregos, de faquires pelos hindus e de druidas pelos celtas. Esses oráculos foram reconhecidos, respeitados e, por vezes, venerados entre os egípcios, os babilônios e os sumérios. Hoje, são chamados de médiuns.

Mas, foram na Idade Média, dita como a Idade das Trevas da Humanidade, chamados de bruxos e muitos morreram queimados nas fogueiras da "Santa" Inquisição.

E vale lembrar que foi da Inspiração Divina dada a alguns desses homens que surgiram os Livros Sagrados da Humanidade. A *Bíblia* para o Cristianismo, o *Corão* para o Islã, o *Mahabharata* para o Bramanismo, o *Bhagavad-Gita* para o Hinduísmo, o *Zend-Avesta* para o Zoroastrismo, dentre outros.

Para algumas pessoas, um Livro Sagrado é uma verdade absoluta e deve ser lido e compreendido de forma literal, ou seja, o que está escrito ali é a pura verdade. Por exemplo, se o Gênesis, ou Livro da Criação, diz que o mundo foi criado em sete dias,[1] isso significa que o trabalho de Deus para criar o planeta Terra e tudo que nele há durou exatamente uma semana ou 168 horas.

Para outras pessoas, um Livro Sagrado deve ser compreendido como uma narração histórica repleta de metáforas. Uma forma simbólica de representar as grandes verdades espirituais.

Aqui não temos a intenção de afirmar quem está certo. Apenas queremos afirmar com todas as letras que esses livros são o que são: Sagrados!

E queremos também trazer alguns elementos históricos para abrir a nossa compreensão a respeito das religiões e de seus Livros Sagrados. E, mais especificamente, a respeito da Bíblia Sagrada, do Cristianismo e da relação entre a maior religião do mundo e algumas outras religiões.

Após a morte de Jesus, os discípulos, e um pouco mais tarde o apóstolo Paulo, tiveram a missão de propagar a mensagem amorosa do Cristo. Nascia assim a Igreja Cristã Primitiva, alicerçada na fraternidade, na caridade e na espiritualidade.

---

1. Estamos incluindo aqui no exemplo o sétimo dia, quando houve o descanso de Deus.

Em seus quatro primeiros séculos de existência, o Cristianismo foi violentamente perseguido, inicialmente pelo Sinédrio Judaico e posteriormente pelo Império Romano.

Mas, quando no século IV, por determinação do imperador Teodósio, o Cristianismo se torna a religião oficial de Roma, a Igreja, agora chamada de Católica Apostólica Romana, torna-se bastante poderosa.

E, assim como os antigos fariseus e saduceus em Israel e como os imperadores em Roma, os padres católicos da época também trataram de criar seus mecanismos de dominação para se manter no poder.

Estabeleceram condutas, regras e dogmas para definir que o único caminho para Deus seria por meio da Igreja e de seus sacerdotes, chamados padres.

Dentre as estratégias para a dominação da Igreja Católica, uma das mais eficientes foi, certamente, a demonização das outras religiões.

Como a salvação da alma era uma exclusividade da "Sagrada Igreja", as demais religiões eram chamadas de profanas e suas Divindades eram tidas como uma obra de Satanás para afastar o homem de Deus.

E, quando a palavra não era suficiente para convencer algumas pessoas de que apenas a Igreja traria a salvação, usava-se outra estratégia: o domínio pela força.

Assim, ao longo dos séculos vindouros, em nome da Igreja, multidões foram queimadas, crucificadas e enforcadas por professarem uma fé diferente. Morreram por insistir em chegar ao Criador por outros caminhos.

Em suma: para manter seu poder, a Igreja precisava convencer pela palavra, ou garantir pela força bruta, que o único caminho para Deus era o batismo, feito pelos únicos sacerdotes autorizados para isso, isto é, seus sacerdotes. Era o batismo em nome de Cristo.

Todavia, esse não era o Cristo amoroso daquela Igreja Primitiva. Era um Cristo que pertencia exclusivamente à Igreja Católica Romana.

Não era o Cristo daquela igreja que foi perseguida. Era um Cristo de uma igreja que dominava, que punia, que oprimia, que subjugava.

De uma igreja que reescrevia e interpretava a mensagem do Cristo descrita no Livro Sagrado com um único propósito: manter-se no poder.

As religiões dos outros povos foram chamadas de pagãs.

Os templos que outrora haviam servido para religar o homem a Deus, agora eram tidos como lugares profanos.

As Divindades que durante milênios serviram de representação e caminho para aproximar o Homem de Deus foram transformadas em representações do Diabo.

Os sacerdotes e os oráculos, profetas das outras religiões, foram lançados às fogueiras.

Mas, tudo isso aconteceu há muitos e muitos anos. Será?

Será mesmo que os sacerdotes que demonizavam as outras religiões ficaram apenas no passado?

Ou será que ainda existem homens e mulheres que, em nome de sua fé, desvalorizam, desonram e desrespeitam a fé dos outros?

Infelizmente, a resposta é sim. Ainda existem sacerdotes – não só católicos, mas também de outras religiões – que, não podendo mais usar as fogueiras da Inquisição para queimar os corpos daqueles que pensam de forma diferente, insistem em atacar suas almas.

Lamentavelmente ainda vemos, em nosso mundo dito civilizado, religiosos que, obscurecidos pela ignorância, pelo fanatismo e pelo medo de perder o poder, não se abstêm de desonrar as outras religiões por meio do preconceito, da calúnia e da injúria.

Diante disso, o melhor talvez seja mesmo fazer como os sábios da Filosofia Hermética, que diante do furor da ignorância dos bárbaros optavam por se retirar silenciosamente com um sorriso de piedade nos seus lábios fechados.

Por serem Grandes Iniciados[2] sabiam que os "Lábios da Sabedoria" estão sempre fechados, exceto aos "Ouvidos do Entendimento", e assim se calavam diante da injúria.

Já entendiam, por meio da Sabedoria Milenar, aquilo que há 2 mil anos o Mestre Jesus disse: "E conhecereis a verdade, e a verdade vos libertará" – João 8:32.

Então, quando vejo homens tentando se apossar da Palavra de Deus, procurando convencer outros homens que apenas nas suas ideias e nas suas pregações está a salvação, e colocando sua religião acima do próprio Verbo Divino, só me cabe elevar o pensamento ao Divino Criador e pedir que, em sua Infinita Bondade, permita que a Sua Verdade nos seja revelada.

Revelada, não por mim, por você, por qualquer homem vestido com as indumentárias de sacerdote ou por qualquer prática religiosa.

Mas que seja revelada por meio do Amor Incondicional do Cristo por essa humanidade caída, egoísta, que ainda engatinha frente às verdades espirituais e da qual nós, como irmãos, fazemos parte.

---

2. Um Iniciado é alguém que foi introduzido a conteúdos secretos ou a mistérios esotéricos, adquirindo assim um nível mais alto e mais amplo de conhecimento espiritual, moral e filosófico.

# Capítulo 3

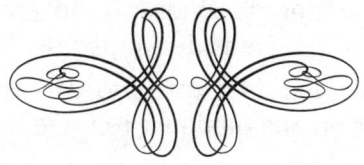

# Diferentes Caminhos para Deus

A religião católica leva o Homem a Deus?
Sim, sem qualquer sombra de dúvida!
Esse é o único caminho?
Não, absolutamente não!
A região protestante, ou evangélica, traz a salvação?
Sim, é claro.
Só os evangélicos serão salvos?
É claro que não!
A Doutrina Espírita eleva o Homem moral e espiritualmente?
Demais!
Ler a codificação de Kardec, frequentar o centro espírita e praticar a caridade são meios de tornar o Homem mais espiritualizado?

Não necessariamente. Uma leitura por obrigação, uma frequência desinteressada ao centro e uma ação caritativa sem amor não elevam o ser humano.

Os ensinamentos de Buda promovem o encontro do Homem com Jeová, o Deus de Abraão, Isaac e Jacó?

Claro, afinal Deus está em Tudo, está em Todos e é infinitamente maior do que qualquer religião humana.

Praticar o Budismo pode fazer um homem alcançar o Nirvana?

Isso só vai acontecer quando, por meio do encontro consigo mesmo, esse Homem se transformar em Puro Amor.

A Umbanda, uma religião que mistura cultos africanos, indígenas e católicos, que usa elementos tóxicos como o álcool e o cigarro, que usa imagens e outros fetiches e que presta culto a entidades controversas como Exus e Pombagiras pode ser uma coisa de Deus?

Sim, sem dúvida, pois como qualquer outra religião, quando praticada sob a égide do amor, a Umbanda Sagrada é um belo caminho para se encontrar com Deus!

A Umbanda é a melhor religião para todas as pessoas?

É claro que não!

O que é, então, uma boa religião?

É toda e qualquer religião que cumpre o seu papel: religar o Homem a Deus.

E qual a melhor religião?

Aquela que eleva o potencial do ser humano.

Aquela que faz a pessoa se sentir bem e em paz.

Aquela onde a pessoa se sente estimulada a praticar o bem.

Aquela que toca o coração de um ser humano e que faz cada fibra de sua alma se sentir conectada ao Espírito Supremo do Criador!

Existe religião ruim?

Não, nenhuma religião é ruim enquanto cumpre seu propósito, atuando no amplo e profundo sentido de religar o Homem a Deus.

Quando não cumpre esse propósito, deixa de ser religião.

Indo além, podemos dizer que uma mesma instituição religiosa pode aproximar um homem de Deus e, ao mesmo tempo, afastar outro. Nesse caso, estará cumprindo seu propósito apenas com o primeiro.

Uma religião pode fazer o mal?

Jamais. Se isso acontecer, não é religião.

Se todas as religiões são boas, o Homem precisa de uma religião para se conectar com Deus?

De maneira alguma. Cada Ser Humano é um templo em si mesmo. Cada Ser Humano é uma extensão do Próprio Criador. Praticar o amor é a mais perfeita religião.

Então, para que serve a religião?

Apenas para que possamos exercitar a nossa fé, por meio de rituais e práticas que nos ajudam a estreitar nossa comunhão com o Pai Maior.

## Capítulo 4

# A Jornada de um Homem em Busca do Criador

O sol ia se escondendo atrás da montanha, deixando um clarão alaranjado por toda sua volta.

Como em tantas outras vezes, os irmãos da Igreja Batista de Brasília se preparavam para a noite de vigília no monte.

Alguns cânticos eram entoados enquanto as primeiras estrelas apareciam no céu azulado da capital federal.

Uma senhora de sorriso simpático e seu marido se aproximam do pastor Elias enquanto ele conversava com alguns membros da comunidade evangélica. Traziam uma criança no colo para ser apresentada à Igreja.

O pastor carinhosamente toma o menino nos braços e convida o casal, juntamente com o pequeno grupo de fiéis, a fazer uma oração pela criança.

Em instantes estão orando e, em dado momento, um dos homens ali presentes se prostra de joelhos no chão e começa a fazer sua oração em uma língua estranha a todos ali.

Lágrimas emocionadas rolam pelas faces daquela senhora.

Novas lágrimas ainda cairiam de seus olhos momentos mais tarde, quando dezenas de pessoas elevariam suas mãos em oração em favor do menino, rogando a Deus que abençoasse a sua caminhada.

A criança estava apresentada e consagrada à Igreja.

Isso aconteceu no dia 7 de setembro de 1971, exatamente no dia em que eu completava 1 ano de idade, quando meus avós me levaram àquela noite de vigília da igreja.

Durante minha infância eu ouvi essa história dezenas de vezes de meus amados avós, que hoje já retornaram à Pátria Espiritual.

Nasci e cresci em um lar evangélico.

Na infância e no início da adolescência, já morando em São Paulo, frequentei assiduamente a Escola Dominical da Primeira Igreja Presbiteriana Independente, e sou muito agradecido pelos meus estudos bíblicos dessa época.

Aos 15 anos, eu já tinha lido toda a Bíblia. Mais do que uma passada de olho, eu realmente conhecia seu conteúdo.

Nessa época, tinha grandes embates ideológicos com um grande amigo meu que frequentava regularmente a Federação Espírita de São Paulo.

Discutíamos religião e, quanto mais ele me falava de reencarnação e comunicação com os espíritos, mais argumentos eu encontrava na Bíblia para contrariar suas teses.

Mas, se por um lado, eu lamentava profundamente que meu amigo insistisse em praticar aquela religião de Satanás, por outro, as colocações que ele fazia sobre a relação entre a reencarnação e a Justiça Divina me faziam questionar minhas convicções.

Nessas horas eu discutia e argumentava com ele defendendo a minha fé, mas em seguida, corria para o pastor Elizeu para fazer a ele as mesmas perguntas que meu amigo me fazia.

"Isso é uma questão de fé", dizia ele.

Eu respeitava as palavras do meu estimado pastor, mas a verdade é que, com o tempo, isso já não me convencia muito.

O tempo passou e fui fazer faculdade de Biologia.

A Teoria da Evolução, de Darwin, caiu como uma bomba na minha cabeça presa aos sete dias da criação.

Decidi, então, acreditar em Deus do meu jeito. Sem estar preso a nenhuma religião.

Muito mais por uma questão de lógica do que por uma questão de fé, passei a acreditar na imortalidade da alma e na reencarnação.

Acreditava, como muita gente acredita.Mas nunca tinha passado por qualquer experiência que pudesse me dar a certeza de que a vida espiritual fosse mesmo uma realidade.

Contudo, essa oportunidade ainda estava reservada para mim...

Um dia, minha esposa comentou comigo que seu primo tinha aberto um Centro Espírita e perguntou se eu não queria conhecer.

Fiquei interessado, pois o primo dela sempre fora um cara muito legal e eu tinha a convicção de que ele era alguém que jamais brincaria com a fé das pessoas.

Como eu não sabia onde ficava o tal centro, liguei para meu sogro para pegar as informações do local. Foi quando tomei um banho de água fria. Fria não, gelada.

Ele me disse, com uma naturalidade que não fazia sentido para mim naquela época, que a casa não era um Centro Kardecista e sim um Centro de Umbanda.

Eu até podia acreditar em espíritos e reencarnação, mas daí a botar os pés em um terreiro de macumba, nem pensar.

No fundo da minha mente uma ideia ainda estava completamente enraizada: Umbanda era coisa do diabo.

Nessa altura da minha vida, a figura do capeta já não fazia qualquer sentido para mim. Aquele diabo com rabos e chifres já não se sustentava mais no meu racional.

Mas, ainda assim, eu achava melhor não mexer com essas coisas.

Os dias se passavam e crescia minha curiosidade para conhecer o tal Centro. Vivi, naqueles dias, um verdadeiro conflito interior.

Duas coisas foram decisivas para minha visita ao Templo de Umbanda Mamãe Oxum e Caboclo Trovão. A primeira: minha confiança na pessoa do seu dirigente.

A segunda: eu queria muito viver algum tipo de experiência que me comprovasse a existência da vida após a morte, e sabia que as pessoas que trabalhavam naquele local jamais seriam desrespeitosas comigo.

Mais do que isso: eu sabia que ali ninguém faria nada para tirar proveito da minha boa fé.

De mãos dadas com minha esposa, pisei pela primeira vez no terreiro na noite de uma sexta-feira chuvosa. Confesso que não estava nem um pouco à vontade. Acho que por isso apertava tão forte a mão dela.

Naqueles minutos que antecederam minha consulta pensei várias vezes em ir embora.

De repente a médium, segundo me explicaram, incorporada com a Cigana Rosa, me chamou para conversar.

Ai que medo! Mas, àquela altura, já não tinha mais volta.

A Cigana, abençoada Cigana, recebeu-me com um sorriso materno e acolhedor. Aquilo foi decisivo para me tranquilizar.

Como eu já conhecia aquela médium, prima da minha esposa, para mim era nítida e estranha a transformação no seu semblante naquele momento, principalmente porque eu sabia que aquilo ali não era nenhum tipo de teatro.

Ainda assim meu racionalismo insistia em dizer que aquilo bem que podia ser efeito de autossugestão, afinal a mente humana é muito poderosa...

Quando a Cigana me perguntou o motivo de minha visita, eu fui muito direto ao ponto. De forma bastante educada eu disse a ela:

"Com todo respeito, disseram-me que eu iria conversar com a Cigana Rosa. Na verdade, não sei com quem estou falando, se é com essa moça que conheço ou se é realmente com um espírito manifestado aqui. Se isso é uma alucinação da moça ou se, de fato, isso é uma manifestação de algo que minha razão não pode explicar."

Enquanto eu falava, a Cigana sorria. Não de mim, mas para mim.

Agora que eu tinha começado, decidi seguir adiante:

"Peço desculpas, mas para mim essa é uma questão muito importante, pois se a senhora é mesmo um espírito, isso significa que a vida após a morte realmente existe. E ter essa certeza muda tudo para mim."

Minha conversa com a Cigana Rosa deve ter demorado uns 15 minutos. Tempo suficiente para ela me dizer que minha ida ali não tinha sido por acaso. Tempo para me explicar que o trabalho de um Guia[3] de Umbanda não é fazer adivinhações e muito menos tentar convencer as pessoas a acreditarem em algo. E tempo para me dizer que, por uma Vontade Superior, ela me diria algumas coisas que fariam algum sentido para mim.

Falou sobre minha mãe que mora em outro estado, sobre nossa relação e uma série de outras coisas que a moça, apesar de prima da minha esposa, jamais teria como saber.

Saí dali profundamente emocionado. Minha cabeça estava a mil por hora. Parei o carro no meio do caminho e, sem entender por que, comecei a chorar.

Eu abraçava minha esposa e repetia: "Como ela poderia saber dessas coisas?"

Ao longo da semana, busquei argumentos racionais que pudessem justificar aquela experiência. E, apesar de não encontrá-los, ainda não me sentia convencido. Cheguei a pensar que poderia ser coisa do capeta.

Mas, se fosse coisa do capeta, isso seria sinal de que ele também existia e, dessa forma, existiria algo além da matéria.

Como era de se esperar, voltei ao terreiro na sexta-feira seguinte.

Fui chamado por outra médium, incorporada com a Cigana Joana. Essa médium eu não conhecia.

Quando ela começou a me contar as mesmas coisas sobre minha mãe, cheguei a uma conclusão óbvia: os médiuns conversavam entre si sobre cada uma das pessoas, para que todos se convencessem.

---

3. Guia é o nome dado aos espíritos de luz que se apresentam nos terreiros de Umbanda.

Hoje consigo avaliar o tamanho de minha arrogância com essa fantasia. Fala sério, pensar que as pessoas iriam perder tempo discutindo a vida de cada um...

Mas, naquele momento, eu estava realmente confuso. Comecei até a achar que aquilo poderia ser mesmo uma farsa.

De repente, a médium fala para mim: "Temos aqui uma senhora clarinha e gordinha que diz ser sua avó".

Para mim, aquilo só poderia ser uma brincadeira. Tudo bem que a minha avó era clarinha e gordinha, mas minha avó era evangélica. Ela nunca apareceria em um centro de macumba.

A médium continuou: "Ela tem um nome diferente. Parece que é Josina. Espere até o final da Gira que, se for possível, teremos uma comunicação dela".

Fiquei pasmo. Só se a minha esposa tivesse falado o nome da minha avó para alguém. "Não, ela não faria isso", pensei.

Quando minha amada avó era viva, eu sempre pedia a ela que, se por acaso ela morresse antes de mim e houvesse algo do outro lado, que ela viesse me contar.

Ela sempre repetia: "Meu filho, na Bíblia está escrito que existe um grande abismo entre os vivos e os mortos".

Eu estava atordoado com tudo aquilo. Aguardei ansiosamente o término dos trabalhos.

Ao final me chamaram. Havia uma carta endereçada a mim.

A emoção que senti naquele momento somente pode ser comparada ao nascimento do meu filho.

As coisas que estavam escritas ali não me deixavam qualquer sombra de dúvida. A minha tão amada vozinha estivera mesmo ali.

Dentre as diversas coisas pessoais que a carta continha, algumas passagens serão sempre inesquecíveis para mim:

"Na verdade não existe esse abismo entre os vivos e os mortos, afinal todos estamos vivos".

"Que bom, meu amado filho e neto, que você chegou a essa abençoada casa de Luz. Saiba que na espiritualidade não existe conflito entre as religiões. Todos trabalham pelo mesmo propósito".

Desse dia para cá as coisas realmente mudaram.

Acho que ter a certeza da imortalidade da alma tem me tornado uma pessoa melhor. Muito longe da perfeição, mas em busca de evoluir a cada dia.

Hoje, eu e minha família temos o enorme privilégio de sermos trabalhadores de Umbanda no Templo Mamãe Oxum e Caboclo Trovão.

A médium que me trouxe a carta é nossa Irmã de Fé.

E é com humildade e orgulho que hoje pedimos a bênção ao dirigente da casa, nosso pai de santo[4] ou pai espiritual. Temos uma maravilhosa família espiritual, composta pelos médiuns e por nossos amados Guias.

Essa é a minha história. Não é melhor e tampouco pior do que a de ninguém. É apenas a minha história.

Se a conto aqui a vocês, é somente por um propósito: para dizer que caminhei do preconceito ao Amor por essa religião.

Como eu já disse, a Umbanda não é uma religião melhor nem pior que as outras. É apenas a minha religião.

Foi com os pés descalços, pisando em um terreiro, que tive minha experiência transcendente, aquele momento

---

4. Pai ou mãe de santo é o nome que se dá à pessoa que dirige ou coordena um terreiro de Umbanda.

em que se descobre uma verdade muito maior do que você mesmo.

Como médium, tenho visto muitos outros médiuns chegando ao terreiro. Cada um com sua história pessoal. Cada um com seus medos, suas aflições, suas dúvidas e suas limitações. Mas todos em busca do mesmo Pai.

Alguns chegando pelo Amor. Muitos chegando pela dor.

Alguns chegam e se vão.

Mas a maioria chega e fica.

E, assim como eu, são gratos ao Divino Criador Olorum, cada um de sua forma, pela oportunidade do trabalho edificante.

Agradecidos por reconhecermos na Natureza o mais lindo Templo do Criador.

Agradecidos pela crença nos Sagrados Orixás, que nos permitem ver e reconhecer Deus nas matas, nas cachoeiras, nas montanhas, no mar, nas pedras, nas plantas e em tudo mais que pulsa a vida.

Agradecidos por sermos humildes burros[5] dos nossos Guias e Protetores, que nos ajudam a sentir a Presença de Deus todas as vezes que, utilizando-se dos nossos envoltórios materiais, amparam a dor dos nossos semelhantes, seja com a força do Caboclo, com a sabedoria de um Preto-Velho, com alegria de uma Criança, ou com a firmeza do Parceiro Espiritual que estiver em terra.

Profundamente gratos pela oportunidade de sermos Trabalhadores de Umbanda e, por meio dessa maravilhosa religião, encontrarmos Deus no lugar mais simples e, ao mesmo tempo, mais difícil de se encontrar: dentro de nós mesmos!

---

5. Esse é um dos nomes utilizados na Umbanda para designar os médiuns de incorporação. É uma analogia ao fato de o médium emprestar o corpo para o trabalho dos Guias. Cavalo e aparelho são outros nomes também utilizados.

# Parte II

## Umbanda: Uma Religião Brasileira

## Capítulo 5

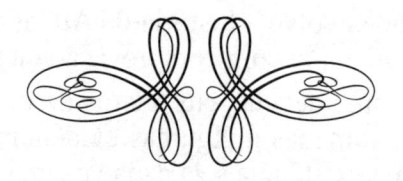

# Da Atlântida para o Brasil Moderno – uma Possível Teoria

"Lólix olhava a multidão que passava pela plataforma. Da resistente janela de cristal do *vailx* procurava Zailm em meio às pessoas, aguardando ansiosamente sua chegada. Juntos tomariam decisões de suma importância para o futuro dos filhos de Incal, o Sol.

Aquele era um *vailx* pequeno, com extensão de 24 metros. Os grandes chegavam a 60 metros. Sua velocidade de cruzeiro atingia cerca de 400 quilômetros por hora, voando a mais de 3 metros de altura".

As descrições acima são passagens adaptadas do livro *Entre Dois Mundos*, de Frederick Olivier, e que narra, de forma dramática, a vida da civilização atlante.

Localizada próxima ao que seria hoje o litoral do Estado do Espírito Santo, Atlântida teria sido uma civilização com um grau muito avançado de desenvolvimento científico, tecnológico e espiritual e que teria existido há cerca de 40 mil anos.

Tudo o que envolve a história de Atlântida é especulativo, ou seja, não conta com comprovação científica.

Todavia, coincidências em relatos de clarividentes em todo o mundo, somadas a algumas evidências, fazem com que a tese de sua existência seja cada vez mais aceita, inclusive no meio científico.

Para os hinduístas, os esotéricos, os iniciados em algumas tradições milenares e diversas correntes místicas, toda a informação a respeito da história da Humanidade está descrita na Dimensão Astral, sob o nome de Registros Akáshicos.[6]

Essas informações ou registros poderiam ser acessados em condições especiais (entenda-se aqui outorga do Plano Superior) por pessoas dotadas da clarividência, tais como o Sr. Frederick Olivier.

Essa seria a origem de seu livro, que, segundo ele, se trata de uma história real.

Os atlantes reverenciavam Incal, o Sol, como uma manifestação do Criador.

É preciso deixar claro aqui que eles não adoravam o Sol em si mesmo. Adoravam a Deus e, para isso, utilizavam-se do Sol, para eles o símbolo maior do Criador, para realizar seus cultos religiosos.

É a mesma relação que as pessoas têm com um altar religioso de uma igreja. Quando aos seus pés o fiel faz suas

---

6. Registros Akáshicos, segundo o Hinduísmo e diversas correntes místicas, são um conjunto de conhecimentos armazenados misticamente no plano espiritual, que abrange tudo o que ocorre, ocorreu e ocorrerá no Universo.

orações, ele não está reverenciando o Altar, está, na verdade, conectando-se com Deus naquele ponto de força.

Assim era a relação dos atlantes com o Sol.

Assim é a relação de todas as religiões naturais, ou seja, aquelas que cultuam os elementos e as forças da Natureza. Assim é a Umbanda.

É importante ressaltar que, na época da civilização atlante, os homens tinham um contato muito mais frequente e aberto com o mundo espiritual e com as forças da Natureza.

Foi nessa época, sob a orientação dos Grandes Mestres Extrafísicos, que a humanidade aprendeu a manipular os elementos naturais. Foi o nascimento da Magia.

No livro *História da Umbanda – Uma Religião Brasileira*,\* Alexandre Cumino relata a tese defendida por alguns autores, sobretudo W. W. da Matta e Silva, de que em Atlântida teria surgido a *Aumbandã*, religião pura que migrou para a Índia e para a África, onde posteriormente se degenerou e deu origem a novos cultos.

Em seu livro, excelente referência para quem deseja se aprofundar na história da religião, Cumino faz um magnífico apanhado histórico dos diferentes autores e pensamentos dentro da Umbanda. O próprio autor não defende, e tampouco rechaça, essa teoria. Apenas a apresenta como uma possibilidade defendida por alguns pensadores.

---

\* N.E.: Obra publicada pela Madras Editora.

## Capítulo 6

# O Nascimento da Umbanda e suas Conexões com Outras Religiões

Não podemos precisar as origens dos rituais praticados na Umbanda. Todavia podemos afirmar que o nascimento da Religião Umbanda, como está estabelecida e fundamentada hoje, deu-se no dia 15 de novembro de 1908 na cidade de Niterói-RJ, quando o Caboclo das Sete Encruzilhadas, incorporado no médium Zélio Fernandino de Moraes, manifesta-se e afirma que naquele momento nascia a Umbanda, uma religião que simbolizaria a humildade e a igualdade entre todos os irmãos, encarnados e desencarnados.

Diz o Caboclo das Sete Encruzilhadas ao falar sobre a nova religião que nascia: "Venho trazer a Umbanda, uma religião que harmonizará as famílias e que há de perdurar até o final dos séculos... Amanhã, na casa onde meu aparelho mora, haverá uma mesa posta a toda e qualquer entidade que queira ou precise se manifestar. Independente daquilo que haja sido em vida, todos serão ouvidos, e nós aprenderemos com aqueles espíritos que souberem mais e ensinaremos àqueles que souberem menos e a nenhum viraremos as costas nem diremos não, pois esta é a vontade do Pai".

A Umbanda nasce, portanto, com a missão de não segregar, de não separar. Nasce para agregar, para unir.

Assim, à medida que se constituía como religião genuinamente brasileira, a Umbanda foi absorvendo conceitos e práticas de outras religiões.

Do Espiritismo codificado por Alan Kardec agregou o trabalho mediúnico. A manifestação dos espíritos.

Dos cultos de nação africanos agregou as Divindades, chamadas Orixás, e a sua relação com a Mãe Natureza.

Da cultura indígena herdou o Amor à Natureza e o uso das ervas de poder.

Em sua relação com o Cristianismo católico promove um vasto sincretismo entre as suas Divindades, originárias da cultura africana, e os santos católicos, tal como já era feito no Brasil pelos diferentes cultos afros.

Além desses pontos de convergência com diversas religiões, a própria manifestação de espíritos nas diferentes linhas de trabalho, como abordaremos mais adiante, traz uma característica de pluralidade cultural.

A força e o espírito guerreiro do índio que luta corajosamente diante de suas dificuldades estão manifestas no arquétipo[7] do Caboclo. A sabedoria anciã e a humildade do escravo negro capaz de perdoar seus algozes estão presentes no arquétipo Preto-Velho. A alegria e a inocência da criança se manifestam por meio dos Erês. A festiva simplicidade do homem que não perde a alegria, mesmo conhecendo de perto o sofrimento do semiárido nordestino, está presente na linha

---
7. O conceito de arquétipos e a sua utilização na Umbanda será amplamente abordado mais adiante.

dos Baianos. A sinceridade e a força de trabalho do homem que enfrenta tanto o sol forte quanto a chuva fria, para cumprir suas responsabilidades, são manifestas no arquétipo do Boiadeiro. O desapego do homem que deixa tudo para trás e se lança ao mar está manifestado na linha dos Marinheiros.

Esses são exemplos da fundamentação de uma religião que, desde seus primórdios, valorizou a inclusão.

Por isso, seu nome UM Banda. A Banda onde todos são Um.

Exatamente como nas palavras do Cristo, em João, 17:21 – "Para que todos sejam Um".

## Capítulo 7

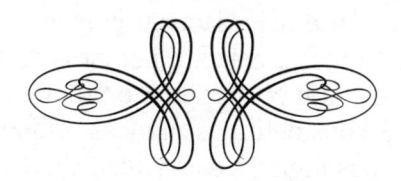

# Evolução da Umbanda: Passado, Presente e Futuro

O homem, cerca de 50 anos, cabelos brancos, pele morena, abaixa-se na entrada do terreiro e, por três vezes, faz o sinal da cruz no chão. O colorido dos colares em seu pescoço contrasta com a brancura de suas roupas.

Caminha até o altar à frente e se ajoelha. Levanta os braços na direção de uma imagem de Jesus Cristo. A distância pode se perceber o movimento de seus lábios proferindo baixinho algumas palavras que só ele mesmo é capaz de ouvir.

Por três vezes toca sua testa no solo e, a cada vez que a encosta no chão, vira a cabeça para a direita e para a esquerda.

De longe, sentado em um banquinho de madeira, Luciano observa a cena com curiosidade.

O rapaz é um jovem jornalista que fora designado para fazer uma matéria sobre a Umbanda. Essa matéria seria veiculada em uma famosa revista, em um encarte especial sobre a religiosidade no Brasil.

Luciano, apesar de ser cético por natureza, fica admirado com a concentração e a fé daquele homem que cumpre seu ritual religioso. Começa, então, a pensar que, em sua jornada pessoal, nunca teve um contato muito próximo com Deus. Na verdade, sempre considerou as práticas religiosas como uma forma de as pessoas fugirem da realidade. Uma forma de o ser humano transferir suas responsabilidades para o desconhecido.

De repente, outro homem para à sua frente. Sua chegada traz Luciano de volta ao objetivo de sua ida àquele local, um terreiro de Umbanda.

Esse homem, nitidamente mais jovem que o primeiro, pede licença a Luciano para fazer a defumação.

Nesse momento, o jornalista presta mais atenção à música que, embalada ao som dos atabaques, já há algum tempo invade o ambiente. "Defuma com as ervas da Jurema, defuma com arruda e guiné"[8]...

Luciano não sabe para que serve aquilo, mas seu senso investigativo o estimula a ir em frente com seu trabalho.

Com um sorriso educado, diz ao jovem médium que sim, que pode defumá-lo.

Instantes mais tarde, surpreende-se com as palavras de Pai Antenor, o dirigente daquela casa, em sua prece de abertura dos trabalhos. O velhinho de sorriso simpático fala em nome de Deus, da Virgem Maria e de Jesus Cristo. E pede que os trabalhos sejam sustentados pela força dos Sagrados Orixás.

Luciano fica confuso com toda essa mistura, mas acima de tudo, surpreende-se pelo tom de voz bondoso e acolhedor de Pai Antenor e por sua devoção enquanto agradece ao Pai

---

8. Esse é um ponto de defumação muito cantado nos terreiros de Umbanda. Como será explicado mais adiante, tal como um mantra, um ponto cantado é uma canção que possui a propriedade de direcionar, canalizar e concentrar determinadas energias.

Criador e à Mãe Natureza pela oportunidade de mais um trabalho.

A Gira[9] começa. Os médiuns incorporam[10] seus Guias.

Luciano olha para as pessoas que são chamadas por seus números. Muitas parecem ter o olhar cansado, retrato de vidas sofridas.

Mas, em sua sensibilidade jornalística, o jovem consegue perceber que aquelas pessoas, quando voltam de suas consultas,[11] estão mais tranquilas, mais serenas.

Seus olhares estão mais esperançosos, mais confiantes...

Então, uma voz grita o número cinquenta e três. Luciano levanta a mão.

Uma jovem de olhos claros que trabalha como Cambone[12] chega até ele e, gentilmente, leva-o pelas mãos.

"O senhor vai conversar com o Caboclo Arranca Toco", diz a moça.

Luciano se surpreende, pois à sua frente está uma mulher baixinha, gordinha, bochechas rosadas e beirando os 40 anos. Para ele era estranho imaginar que ali estivesse um índio.

Começa a conversa...

E muitas coisas foram ditas ao jornalista por intermédio da médium incorporada. Coisas que não nos cabe contar

---

9. Gira é o nome que usualmente se dá à sessão que acontece em um terreiro de Umbanda.
10. O termo incorporação será amplamente explicado mais adiante.
11. Nas Giras de Umbanda acontecem as chamadas consultas. Nessas consultas, as pessoas, chamadas de consulentes, recebem orientações dos Guias.
12. Cambone é o nome que se dá ao médium ou pessoa que participa nas giras de assistências como auxiliar dos Guias em terra e ajuda na organização das tarefas de uma Gira.

aqui, mas que, por alguma razão, tocaram o coração do moço.

Ao final, o Caboclo chama a jovem Cambone e pede que ela anote algumas recomendações: acender uma vela para Oxalá e fazer um banho com alfazema.

O Caboclo faz o sinal da cruz sobre o papel e o entrega ao rapaz. Orienta-o sobre os procedimentos e se despede dele, preparando-se para o próximo atendimento.

Luciano sai dali confuso e, ao mesmo tempo, sentindo uma estranha emoção devido às coisas que aquela senhora, ou aquele Caboclo, disse a ele.

Espera o final dos trabalhos. Apresenta-se então ao dirigente, fala sobre os reais motivos de sua ida ao terreiro e pergunta se ele poderia fazer uma rápida entrevista com alguns trabalhadores da casa.

Mais uma vez, o jovem jornalista se impressiona com o jeito acolhedor de Pai Antenor. O velhinho sorri, agradece a visita do moço e diz para que ele fique completamente à vontade para realizar seu trabalho.

Um pouco sem jeito, Luciano agradece e vai até aquele senhor de cabelos brancos que bateu a mão e a cabeça no chão antes do início dos trabalhos. Juarez era o nome do médium.

"Sr. Juarez, eu vi que o senhor fez o sinal da cruz quando entrou no terreiro e também que colocou a testa no chão quando estava de frente para o altar. O senhor poderia me explicar isso?"

"Claro, meu filho. Isso se chama cruzar o chão e bater cabeça", disse Sr. Juarez com firmeza.

"Sim, mas por que o senhor faz isso?"

"Ah, eu faço isso porque é uma norma da casa. Isso faz parte dos fundamentos, e todos os médiuns deveriam fazer o mesmo. Quem não faz está errado..."

O jornalista agradeceu ao Sr. Juarez pela atenção.

Na verdade, ficou um tanto desconcertado pela resposta vaga, mas percebeu que não adiantava ir mais a fundo na questão com seu entrevistado.

Aproximou-se de Dona Rosalva, a médium que incorporava o Caboclo Arranca Toco. Explicou seu trabalho e foi direto ao ponto:

"O Caboclo me recomendou que acendesse uma vela branca e que fizesse um banho com alfazema. A senhora poderia me explicar para que serve isso?"

"Tudo isso é para sua proteção. E, se o Caboclo pediu a vela e o banho de ervas, tem que fazer", disse Dona Rosalva de forma bastante assertiva.

"Eu vou fazer sim", respondeu o jornalista. "Eu só queria entender como a vela e as ervas funcionam", retomou o rapaz.

Dona Rosalva olhou para ele e, com um sorriso um tanto maternal, disse: "Meu filho, nós médiuns somos apenas um instrumento dos Guias. Nós não precisamos saber nada, pois os Guias sabem de tudo o que é necessário. Precisamos apenas ser bons médiuns para garantir que a mensagem deles seja passada da forma correta".

Luciano até achou bonita a fé daquela senhorinha de bochechas rosadas, mas não se convenceu muito com o conteúdo de seu comentário.

Teve a impressão de estar lidando com coisas um tanto supersticiosas. Algo com cara de crendice popular, mas que jamais poderia passar por uma análise um pouco mais crítica.

A conversa com o Caboclo tinha sido marcante para o rapaz, mas aqueles comentários vagos e imprecisos dos médiuns deixaram-no receoso.

Como ele poderia levar a sério aqueles procedimentos religiosos de bater a cabeça e cruzar o solo se o próprio médium que os realizava não sabia bem ao certo por que os praticava?

Como ele poderia dar crédito àquelas solicitações do suposto Senhor Arranca Toco se nem a médium entendia as razões para tais procedimentos?

É bem verdade que ele viu as pessoas saírem daquele terreiro melhor do que entraram. Ele sentiu uma vibração boa de todos os trabalhadores da casa, inclusive nos médiuns que havia entrevistado.

Algo dentro dele dizia que naquela casa de oração havia um poder maior que amparava, que ajudava as pessoas. Mas, apesar disso, sua mente racional e seu espírito investigativo não poderiam aceitar algo que ficasse puramente no campo da fé, sem um respaldo do conhecimento.

Sua cabeça estava confusa com o conflito de percepções. Lembrou-se de que ainda havia o jovem médium para ser entrevistado.

Apesar de desanimado, já esperando mais algumas respostas vagas, aproximou-se do rapaz. Apresentou-se e, como fizera com os outros, explicou seu trabalho e as razões daquela entrevista.

"Você poderia me explicar a razão pela qual você defumou as pessoas", perguntou ao rapaz.

"Meu irmão", disse o jovem médium, "eu ainda tenho muito a caminhar e muito a aprender nessa religião".

"Antes de trabalhar na Umbanda, praticava uma religião na qual uma defumação seria considerada misticismo ou primitivismo. Por isso, no começo, esses rituais me deixavam um tanto incomodado, pois, para mim, não faziam nenhum sentido. Fui, então, em busca de informações. Li alguns livros e realizei alguns cursos em que aprendi muitas coisas interessantes sobre os fundamentos da religião. Pude, inclusive, perceber muitas conexões entre meus estudos na Física e algumas práticas do terreiro, como a defumação, por exemplo", continuou o médium.

E assim, nos minutos seguintes, o jovem médium explicou com brilhantismo e coerência, dentro de uma visão científica, algumas práticas realizadas no terreiro.

Aquilo impressionou profundamente o jornalista, que ficou refletindo por alguns instantes antes de colocar no papel suas anotações.

Luciano, com a cabeça baixa, estava tão entretido com a redação de seu texto jornalístico que nem percebeu a aproximação de Pai Antenor.

"Espero que esta casa tenha sido útil para a realização de seu trabalho, meu filho", disse o bondoso ancião.

"Sim. Sem dúvida foi muito útil. Saio daqui muito impressionado e com grande respeito por essa religião que eu não conhecia. Só tenho a agradecer", respondeu Luciano.

"As nossas portas estarão sempre abertas para você. E vou te dizer uma coisa", continuou o pai de santo. "Durante muito tempo, enquanto a religião se firmava, os Guias de Lei precisavam estabelecer os fundamentos da Umbanda Sagrada. Para isso, eles se usaram de muitos médiuns chamados inconscientes a fim de garantirem que aquilo que estava arquitetado no Plano Astral fosse concretizado de forma plena aqui no mundo material. E assim foi feito".

"Hoje, Luciano, vivemos uma outra época dentro da religião. Mais do que com a religiosidade, os Guias trabalham para a espiritualidade. Por isso, a grande maioria dos médiuns que atualmente trabalham nos terreiros são semiconscientes.

Essa é uma oportunidade para esses trabalhadores se elevarem espiritualmente enquanto realizam seus trabalhos".

"Por isso, nessa nova era da religião, é essencial que os médiuns estudem, que busquem as informações. Não basta seguir o que o Guia pede, é preciso entender o que Ele faz".

"Gostaria que você entendesse bem isso, meu filho; afinal esperaremos isso de você em sua futura caminhada espiritual".

Luciano achou muito estranha aquela frase final. Estranhou também que, naquele momento, o velhinho pareceu ter ficado mais jovem e mais forte, enquanto sua voz lembrava o jeito de falar de um índio.

O jornalista não sabia o que estava acontecendo. Mas, o Caboclo Sete Flechas, chefe daquela casa, sabia tudo o que se passava. Inclusive que, muito em breve, Luciano vestiria branco e com os pés descalços seria mais um trabalhador daquele terreiro.

# Parte III

## Umbanda Tem Fundamento

## Capítulo 8

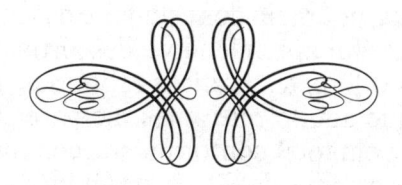

# O que São os Orixás

Em minha caminhada na Umbanda sempre tive (e ainda tenho) muitas dúvidas...

No começo, não conseguia entender por que os Guias, sendo tão elevados moralmente como as pessoas afirmavam, ainda estavam presos aos vícios do cigarro e da bebida.

Não entendia quando as pessoas tentavam me explicar que Ogum era, e ao mesmo tempo não era, São Jorge. Isso me parecia muito, muito confuso.

Aquelas pessoas cantando e girando embaladas pelo som dos atabaques pareciam, para mim, estar realizando uma dança tribal ou algum ritual bastante primitivo.

Eu, com a minha visão obscurecida pela arrogância de achar que sabia muita coisa, vivia um enorme conflito entre meu coração e minha mente.

Enquanto meu coração se enchia de alegria e de paz ao tomar um passe ou ao receber um aconselhamento aos pés do Preto-Velho, minha mente racional, treinada no pensamento científico, dizia que nada daquilo fazia sentido.

Hoje, apesar de ainda ter muito a evoluir e de ainda possuir muitos questionamentos, felizmente consigo ver um pouco além do meu preconceito inicial.

Aos poucos, por meio dos estudos e das instruções recebidas dos Guias, fui aprendendo a descortinar os mistérios envolvidos nas diferentes práticas religiosas da Umbanda e consegui ver que aquilo que antes me parecia uma prática primitiva estava em total conformidade com os mais modernos estudos nos campos da Física, da Química e da Biologia.

Pude descobrir que tudo, absolutamente tudo, o que acontece em um terreiro de Umbanda está alicerçado em conhecimento científico, em profundas verdades espirituais e na mais alta concepção da prática da caridade.

Por isso, hoje, quando existe algo que eu não consigo compreender, em vez de pensar que é a prática religiosa que está errada, parto de um princípio oposto: penso que sou eu que, por falta de informação, não consigo entender.

E, nessa minha constante busca investigativa, sempre pautada no raciocínio e na lógica, pude ver que as práticas umbandistas possuem fortes e profundas conexões com a ciência, com a filosofia e com os mais antigos conhecimentos iniciáticos da Maçonaria e da Ordem Rosacruz.

Foram, sem dúvida, descobertas fascinantes.

Mas, dentre as inúmeras dúvidas que tive nessa caminhada, nada tem sido mais desafiador para mim do que tentar entender o que são os Sagrados Orixás.

A minha primeira e, provavelmente, mais importante conclusão é que, por mais que eu me esforce, por mais que eu busque o conhecimento na literatura ou por mais que eu busque respostas em mim ou até mesmo nos Guias, jamais conseguirei entender plenamente quem ou o que é um Orixá.

Por uma razão bem simples: a minha mente humana, ainda presa aos conceitos de matéria, espaço e tempo, é incapaz de conceber aquilo que é Divino e que não se limita às percepções de nossos cinco sentidos.

A dificuldade que temos para conceber os Orixás é a mesma que temos para entender o próprio Deus.

As pessoas, em geral, quando pensam no Criador imaginam um velhinho de barbas brancas, com cara de Papai Noel. É a procura de uma referência humana para tentar visualizar Aquilo ou Aquele que está infinitamente além do ser humano.

Algumas pessoas dizem que Deus é uma força, uma energia, uma essência. Mas, no fundo, essas definições, ainda que mais elaboradas, também são apenas uma tentativa de entender o Criador a partir de nossas percepções limitadas.

Deus, a Inteligência Suprema, a Causa Primária do Universo, é infinitamente mais complexo do que uma definição de energia.

Então, se refletirmos um pouco, vamos perceber que foi o homem quem criou Deus à sua imagem e semelhança, e não o contrário.

E, assim como atribuíram características humanas ao Criador, ao longo da história da humanidade, os homens sempre humanizaram as Divindades para se relacionar com elas.

Em suas mitologias, os gregos, os romanos, os egípcios, os assírios, os babilônios e os demais povos da Antiguidade atribuíram todas as paixões humanas aos seus deuses.

Os judeus também fizeram isso com a figura de Jeová, assim como os muçulmanos fizeram o mesmo com Alá.

E os africanos, na cultura Nagô Yorubá, também fizeram o mesmo com seus deuses. Criaram lendas humanas para tentarem explicar suas Divindades, dando origem ao seu panteão Divino que até hoje faz parte das suas tradições religiosas.

A Umbanda, apesar de cultuar Orixás que também são cultuados nas religiões de origem Nagô Yorubá, possui uma compreensão diferente e, ao contrário do que acontece nessas religiões, não possui uma visão mitológica ou antropomórfica de seus Orixás.

Por isso, para a Umbanda, o Orixá Xangô não foi um rei que se casou com três mulheres, Obá, Oxum e Iansã. Assim como Ogum não foi um espírito que encarnou como Jorge da Capadócia, que viria a se tornar santo na Igreja Católica.

Então, fica a pergunta: se Ogum e Xangô não são super-homens, santos ou espíritos mais evoluídos que encarnaram aqui na Terra, quem eles são?

Xangô, Ogum e os outros Orixás cultuados na Umbanda são Divindades de Deus.

Mas, o que é uma Divindade de Deus?

Para responder a essa pergunta, precisamos primeiramente nos lembrar de quem somos nós, os seres humanos.

Somos parte da criação de Deus. Espíritos imortais em uma jornada evolutiva. Criados para evoluir e nos tornarmos cocriadores ou agentes da Criação à medida que vamos desenvolvendo nossas capacidades e nossa compreensão do nosso papel no Universo.

Hoje, vestimos um corpo carnal. À medida que evoluímos, vamos deixando para trás os corpos mais densos e nos utilizando de corpos mais sutis, até um momento em que não precisaremos nem dos corpos sutis. Seremos apenas mente.

E os Orixás?

Os Orixás também são criações de Deus, mas, ao contrário de nós, já foram criados prontos, isto é, não passaram e não precisam passar por uma jornada evolutiva para regressar ao seio do Criador. Eles permanecem em Deus desde que foram criados.

Por isso, são Divindades de Deus. Mais do que cocriadores (como nós), os Sagrados Orixás são os Sustentadores da Criação.

Como são perfeitos desde sua criação, nunca usaram um corpo material. Sempre foram, são e serão Seres Mentais.

Seres Mentais perfeitos e poderosíssimos, que estão constantemente irrandiando as mais puras vibrações de Deus.

Segundo Rubens Saraceni descreve no livro *Doutrina e Teologia de Umbanda,*\* "Um Orixá é um ser gerado em Deus, qualificado por Ele com uma de suas qualidades, amadurecido em seu interior, divinizado dentro d'Ele e exteriorizado por Ele, já como um ser gerador e irradiador natural daquela qualidade Divina".

Para melhor entendermos esse conceito, tomemos didaticamente o exemplo do Orixá Oxalá...

Quem é Oxalá?

Oxalá é uma Divindade de Deus. Um Ser Mental poderosíssimo que, por ter recebido diretamente de Deus a qualidade que chamamos de Fé, está constantemente irradiando a Fé para toda a criação universal. Portanto, Oxalá é a mais pura vibração da Fé que sustenta a Criação.

Oxalá é, então, a própria Fé.

Mas, assim como já falamos sobre Deus, é importante ressaltar que Oxalá não é apenas uma energia. Oxalá é um "Ser" que vibra um Sentido de Deus, a Fé.

Essa mesma relação, exemplificada por meio de Oxalá, acontece com os demais Orixás cultuados na Umbanda.

Oxum, por exemplo, é um Ser Mental que irradia o Amor Puro de Deus. Portanto, Oxum é o Amor.

---

\* N.E.: Obra publicada pela Madras Editora.

Da mesma forma, Oxóssi é o Conhecimento. Xangô é a Justiça. Ogum é a Lei. Obaluayê é a Evolução. Iemanjá é a Geração.

Essas são as Sete Vibrações de Deus que sustentam o nosso planeta.

Mais do que isso: aqui na Terra, essas sete vibrações se materializam em sete elementos, dando origem ao próprio planeta e a toda a criação aqui existente.

A materialização das vibrações de Oxalá, por exemplo, dá origem ao elemento cristalino. A materialização das vibrações de Oxum, ao elemento mineral. E, assim por diante, como descrito no quadro[13] abaixo:

| Orixá | Sentido (vibração) | Elemento (materialização) |
|---|---|---|
| Oxalá | Fé | Cristalino |
| Oxum | Amor | Mineral |
| Oxóssi | Conhecimento | Vegetal |
| Xangô | Justiça | Ígneo |
| Ogum | Lei | Eólico |
| Iemanjá | Geração | Aquático |
| Obaluayê | Evolução | Telúrico |

Portanto, podemos dizer que a nossa Mãe Natureza é a materialização das Vibrações dos Sagrados Orixás.

Ou seja, os Sagrados Orixás estão na Natureza e são a própria Natureza. Assim, sempre que nos conectamos a eles

13. Esse quadro apresenta apenas os sete Orixás Universais ou irradiantes. Vale ressaltar que cada um desses Orixás Universais possui um correspondente chamado Orixá Cósmico ou absorvedor. Temos então no Trono da Fé: Oxalá e Logunan. No Trono do Amor: Oxum e Oxumarê. No Trono do Conhecimento: Oxóssi e Obá. No Trono da Justiça: Xangô e Iansã. No Trono da Lei: Ogum e Egunitá. No Trono da Geração: Iemanjá e Omolu. No Trono da Evolução: Obaluayê e Nanã. Para se aprofundar melhor no tema, recomendamos a leitura do livro *Doutrina e Teologia de Umbanda*, de Rubens Saraceni.

em suas moradas naturais, nos chamados Pontos de Força, estamos nos conectando às energias e aos magnetismos mais puros de cada vibração de Deus.

Por exemplo, quando nos conectamos com Oxum em uma cachoeira, onde predomina o elemento mineral; quando nos conectamos a Xangô em uma pedreira de origem vulcânica, onde predomina o elemento ígneo; ou quando nos conectamos a Obaluayê em um Ponto de Força onde predomina o elemento telúrico, estamos estabelecendo contato com essas Divindades de Deus em locais que são verdadeiros vórtices de energia, os Chacras do Planeta, portais onde podemos interagir com os Sagrados Orixás e recebermos suas Divinas Vibrações.

Sem dúvida alguma, falar dos Orixás é um assunto complexo e tentar compreendê-los é mesmo um grande desafio.[14]

Todavia, por trás dessa dificuldade de compreensão, existe algo maravilhoso nessa relação com as Divindades. Algo que é uma perfeita demonstração da infinita bondade do nosso Criador:

Quando nos dirigimos a um Sagrado Orixá podemos até não entendermos bem com quem estamos falando, mas certamente o Orixá sabe quem está falando com ele.

Ou seja, ainda que não tenhamos a devida compreensão ou o preciso conhecimento do que seja um Orixá, basta elevarmos a Ele os nossos pensamentos para que sejamos ouvidos e atendidos, segundo, é claro, os nossos merecimentos, a nossa fé e a coerência daquilo que é pedido.

---

14. Procuramos nesta obra trazer uma apresentação mais superficial e didática a respeito dos Orixás. Todavia, sentimos uma enorme dificuldade em simplificar algo tão complexo. Por isso, tão logo terminemos este livro vamos trabalhar na elaboração de um material complementar que pretendemos publicar com o título *O Mistério dos Orixás na Umbanda*.

## Capítulo 9

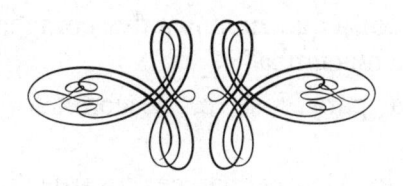

# Umbanda:
# Uma Religião Magística

João e José seguem pela rua, jogando conversa fora enquanto caminham sob a luz do luar.

"João, você acredita em macumba?"

"É claro que não!"

"Você acha que macumba pega?"

"Ora, José, deixa de bobagem. Isso é crendice de gente ignorante."

José, meio constrangido por não ter muita certeza sobre o assunto, ainda arrisca: "Ah, João, pois eu tenho medo dessas coisas".

"Eh, José, você me faz rir. Ter medo dessas coisas."

E a prosa sobre o assunto continua até que, ao virarem a esquina, encontram um típico despacho.[15]

Galinha, cachaça e farofa envolvidas por velas pretas.

---

15. Esse termo será explicado logo adiante.

Os dois rapazes cruzam o olhar.

José, agora triunfante, olha para João com ar desafiador e diz: "Então, João, já que você não tem medo dessas bobagens, faz uma coisa que eu nunca tive coragem de fazer. Dá um chute nessa macumba".

João olha para José e, desconfiado, olha para a macumba.

Por um lado, não quer parecer covarde diante do amigo. Por outro, está morrendo de medo.

E, naquela fração de segundo, diante do olhar impiedoso de José, acaba por encontrar uma saída para resolver o conflito:

"Deixa disso, José, eu não tenho medo não. Mas também não vou faltar com o respeito com aquilo que não é meu", diz João finalizando a conversa.

Essa reação do João diz muito sobre a relação que as pessoas, em geral, têm com os chamados trabalhos de feitiçaria. Uma relação mista de desprezo e temor.

Além dessa mistura de sentimentos, as pessoas costumam fazer várias confusões com as terminologias. Falam de feitiçaria, de magia, de macumba e até de mágica como se tudo fosse a mesma coisa.

Então, antes de mostrar por que a Umbanda é uma religião magística, vamos colocar cada coisa no seu devido lugar e, assim, evitar confusões.

Uma mágica é um truque baseado na ilusão da percepção. Acima de tudo, é uma arte, chamada Ilusionismo, criada para o entretenimento das pessoas.

Em suas apresentações, o mágico, por meio de suas habilidades manuais, procura convencer sua plateia de que possui algum poder sobrenatural criando ilusões que faz as pessoas terem a impressão de que algo impossível aconteceu.

Mas, enquanto a definição de mágica é algo objetivo, direto e de simples compreensão, a definição da palavra macumba já é algo bem mais complexo.

Macumba é um termo genérico e, sobretudo, pejorativo para designar o conjunto de práticas e rituais dos cultos afro-brasileiros.

Por isso, religiões como a Umbanda e o Candomblé são chamadas genericamente de macumbas. Seus atos religiosos também são chamados de macumbas. E seus praticantes, por sua vez, são chamados, pejorativamente, de macumbeiros.

Com o tempo, macumba acabou virando, na linguagem popular, sinônimo de feitiçaria, mandinga ou despacho.[16]

Mas, o que pouca gente sabe é que a palavra macumba nada mais é do que o nome dado a um antigo instrumento musical de percussão, uma espécie de reco-reco, de origem africana, feito a partir de uma madeira com o mesmo nome.

E, como as religiões afro-brasileiras usam instrumentos de percussão em seus cultos, essas religiões acabaram sendo chamadas, de forma genérica, e pejorativa, de macumbas.

---

16. Outro ponto que contribuiu para essa visão preconceituosa do termo macumba é a prática ritualística dos chamados "despachos" nas religiões afro-brasileiras. No Candomblé baiano, por exemplo, um "despacho" consiste geralmente em uma oferta de alimentos ou no sacrifício de animais a Exu, mensageiro e criado dos Orixás, para que dele se consiga determinados favores.
Aqui residem duas diferenças básicas entre o Candomblé e a Umbanda: na Umbanda não se pratica o sacrifício de animais.
A compreensão do que seja um Exu é algo bastante diferente nas duas religiões. Enquanto para o Candomblé os Exus são mensageiros dos Orixás, para a Umbanda eles são espíritos guardiões que atuam na defesa e na proteção dos templos e das pessoas. São os "policiais do Plano Astral".
Todavia, convém ainda ressaltar que, ao apontar essas diferenças, não estamos aqui dizendo que uma religião seja melhor ou pior do que a outra, ou mesmo que uma prática esteja certa e a outra esteja errada. Estamos apenas retratando suas particularidades.

Mas, pensemos novamente na historinha do José e do João...

Quando encontraram galinha, cachaça, farofa e velas, eles não tinham a menor ideia do que se tratava.

Poderia ser uma oferenda de alguém que, em um ato de fé, estivesse agradecendo um favor recebido de seus deuses ou santos. Da mesma forma que alguém vai a uma igreja pagar uma promessa por uma graça recebida.

Poderia ser alguém com o coração angustiado, pedindo às suas Divindades que reduzissem suas dores e aflições.

E, é claro, também poderia ser alguém ainda preso às ilusões do egoísmo, do orgulho e da vaidade, que todos nós temos, fazendo um feitiço para prejudicar seu semelhante.[17]

Todas essas seriam possibilidades reais, mas como não sabiam do que se tratava, usaram o termo genérico: "é macumba"!

O problema desse uso indiscriminado e preconceituoso do termo macumba é que, quando se põe tudo no mesmo saco,[18] não se separa aquilo que é feito como um ato de amor daquilo que é feito com a maldade no coração. Vamos a um exemplo prático...

Assim como sempre foi feito na história das religiões, na Umbanda são realizadas as chamadas oferendas aos Orixás.[19]

---

17. Vale aqui afirmar categoricamente que toda e qualquer prática direcionada para prejudicar alguém não é e não deve ser chamada de Umbanda. É errado e mesmo leviano associar à Umbanda, uma religião pautada na prática da caridade, qualquer despacho ou feitiço com o propósito de fazer mal a alguém.

18. Pôr no mesmo saco é uma expressão popular que significa tratar diferentes situações como se todas fossem a mesma coisa.

19. O sacrifício de animais na Páscoa Judaica, o Ofertório na Igreja Católica e o Culto das Primícias na Igreja Protestante são exemplos bem conhecidos de oferendas realizadas por outras religiões e que em nada diferem em seu conceito de uma oferenda umbandista.

Nesse ato religioso, os umbandistas oferecem flores, frutos, ervas, bebidas e outros elementos[20] às suas Divindades como um ato de devoção, uma profissão de fé, um agradecimento ou mesmo para fazer uma súplica ou pedir uma determinada graça.

Mas, devido a essa visão preconceituosa já enraizada em nossa cultura, quando alguém se depara com uma oferenda na rua[21] ou na natureza já pensa se tratar de algum despacho feito com propósitos nefastos.

Em outras palavras, não se distingue uma oferenda de súplica ou gratidão, feita com amor e respeito ao Sagrado, daquilo que é uma covarde feitiçaria, feita com o intento de prejudicar pessoas. Tudo é chamado de macumba.

Tampouco, não se distingue aquilo que é Magia Branca, usada na Umbanda, daquilo que é Magia Negra, usada por indivíduos de mentes doentias, encarnadas e desencarnadas, e que não têm qualquer escrúpulo em prejudicar as outras pessoas.

Por isso é bom, como citei anteriormente, colocar as coisas no seu devido lugar.

E, para melhor entendermos as diferenças entre Magia e Feitiçaria, e também entre Magia Branca e Magia Negra,

---

20. Ao contrário do que pensam as pessoas que não conhecem os mistérios e os fundamentos da Umbanda, os umbandistas não acreditam que os Orixás usam ou precisam desses elementos materiais. Na crença umbandista, as energias contidas nesses elementos são, na verdade, convertidas ou transmutadas em favor daquele que realiza a oferenda.

21. Aproveito a oportunidade para tocar em um ponto de grande importância: é fundamental que, neste momento da história da humanidade, quando o respeito ao meio ambiente é uma obrigação de todos, os umbandistas e os adeptos de outras religiões naturais tenham a consciência e a responsabilidade ambiental. Assim, da mesma forma que têm o direito de fazer suas oferendas religiosas, têm o dever de recolher posteriormente os elementos e limpar o lugar. Isso é uma questão de educação, de cidadania e de respeito às outras pessoas e à própria Mãe Natureza.

precisamos definir exatamente o que é Magia e remontar à sua origem no plano material de nosso planeta.

Magia é a ciência oculta que estuda os segredos da natureza e sua relação com o homem. De uma forma aplicada, podemos dizer que a Magia é o uso da Natureza e de seus elementos em favor do Homem.

Magia é, então, o ato de evocar poderes e mistérios naturais e divinos e colocá-los em ação beneficiando-nos ou aos nossos semelhantes.

É a relação secreta e iniciática entre o Homem e a Natureza, na qual esse homem, iniciado nos mistérios da Natureza, passa a ter maior domínio sobre si mesmo e sobre as forças que regem o Mundo Natural.

A palavra magia tem origem na língua persa e está relacionada ao prefixo *magi*, que significa sábio. É a mesma origem da palavra magistério.

Magi era o nome dado aos mais elevados sacerdotes na Antiga Pérsia.

Para alguns autores, o início da Magia está na própria Pérsia e, segundo esses autores, a Magia teria sido um legado do próprio Zoroastro, profeta nascido no século VII a.C.

Para outros autores, sua origem é ainda mais antiga, remontando aos tempos das civilizações de Atlântida e Lemúria.

O mais provável é que nenhum indivíduo, ou nenhuma cultura isolada, possa ser identificado como o criador da Magia, afinal os conhecimentos e procedimentos mágicos, passados de geração em geração ao longo dos séculos, fizeram parte da cultura e da história de muitas civilizações, tais como os persas, os babilônios, os egípcios, os hebreus, os gregos e os romanos.

Mas, mesmo não se podendo definir ao certo quando e onde a Magia teve início, uma coisa é certa: Grandes Iniciados, cujos nomes se imortalizaram na história religiosa, iniciática, esotérica e ocultista da humanidade, com certeza foram escolhidos pelo Plano Superior para receber mediúnica e intuitivamente esses conhecimentos e retransmiti-los à Humanidade.

Esses iniciados foram mensageiros Divinos que aqui encarnaram com a missão de revelar esses conhecimentos.

Essa revelação consiste no uso de símbolos e signos sagrados que ao serem usados em rituais específicos evocam poderes e mistérios divinos, colocando-os em ação.

Assim, quando um Guia de Umbanda risca um ponto, utilizando uma pemba,[22] ele está evocando poderes divinos e sagrados para amparar àqueles que solicitam, em nome de Deus, sua ajuda.

Para quem não entende a religião e olha o trabalho de um Guia, riscar um ponto pode parecer um ato mecânico ou até mesmo fetichista.

Todavia, quem decide ir além da impressão aparente e se aprofunda no conhecimento da religião, de seus mistérios e de seus fundamentos, aprende que por trás dessa ação de desenhar no chão existe uma manipulação mental e energética realizada por alguém, no caso o Guia e não o médium, que foi iniciado na Magia e que recebeu uma outorga ou autorização do Plano Superior para praticar aquele ato em favor das outras pessoas.

Por isso, para que aquela Magia, no exemplo dado, inscrita no Ponto Riscado, possa de fato atuar existem algumas condições indispensáveis:

1. Atenção ao trabalho realizado e elevação moral e espiritual do médium, além de um propósito real de praticar a caridade.

---

22. A pemba é um giz especial confeccionado com calcário e é utilizado como elemento magístico nos trabalhos umbandistas.

Essa é a garantia de que a Entidade que ali se apresenta é mesmo um Guia de Lei iniciado na Magia Divina, e não um espírito zombeteiro, brincalhão ou mesmo uma entidade perversa disposta a inverter o uso do trabalho magístico.

2. Uma incorporação mediúnica plena, para que os símbolos riscados por meio da mão do médium sejam exatamente aquilo que o Guia precisa riscar para ativar a Magia.

Um símbolo específico ativa um poder específico. Por isso, um Ponto Riscado deve ser desenhado exatamente de acordo com o Mistério[23] que deve ser aberto para aquele uso magístico.

3. A fé de quem se beneficia da Magia. Afinal, essa é uma manipulação energética de mão dupla, ou seja, envolve a ação mental de quem realiza e a ação mental de quem é o alvo da Magia.

Vale destacar que quando falamos aqui em fé, não estamos nos referindo simplesmente ao ato de acreditar ou não na Magia.

Fé tem um sentido mais amplo que envolve o estado mental em que o indivíduo se coloca quando de fato acredita em algo.

Ter Fé envolve se colocar em um estado emocional de quem já alcançou o que queria. É pensar, agir e sentir como se a mudança já estivesse ocorrendo a partir do exato momento em que a Magia foi ativada.

Assim, nesse caso citado, é preciso entender que a ativação da magia acontece no momento em que o Guia risca o ponto e sua ação se inicia no momento em a pessoa, com

---

23. Para a Umbanda, um Mistério é um poder Divino, disponível para todos e que pode ser acessado por meio do pensamento, da prece, de atos religiosos ou de procedimentos magísticos.

fé, posiciona-se de frente para o Guia, colocando-se no raio de ação do Ponto Riscado.

Ou seja, quando alguém chega com Fé diante um Guia, que como já dissemos é um Iniciado na Magia, a ação magística já está ocorrendo antes mesmo de a pessoa começar a conversa com esse Guia.

Também é bom ressaltar aqui que esse mesmo raciocínio sobre a relação entre essa atitude mental, que chamamos de Fé, e a Magia também acontece quando falamos de uma Magia Negra ou de um feitiço.

Ou seja, a macumba "só pega" quando a pessoa se coloca em um estado mental e emocional que a deixa vulnerável a esse feitiço.

Em outras palavras: um feitiço não atinge pessoas que se mantêm em um padrão moral elevado e que cultiva pensamentos virtuosos sobre si mesma e sobre os outros.

Dificilmente será vítima de feitiçaria uma pessoa que pratica a caridade, que possui amor próprio, que tem uma atitude amorosa com os outros e que se mantém conectada a Deus por meio de preces regulares e emanadas do fundo do coração.

Por outro lado, as pessoas mesquinhas, maledicentes, orgulhosas, vaidosas ou presas aos diversos tipos de vícios são canais abertos aos efeitos da Magia Negra.

O mesmo acontece com as pessoas de baixa autoestima, com aquelas que regularmente se colocam no papel de vítimas, com aquelas que não cultivam o amor e o respeito próprios, com aquelas que vivem excessivamente presas às necessidades ou aos prazeres materiais e com aquelas que, em vez de usar a língua para abençoar e bendizer seus semelhantes, preferem fazer fofocas ou reclamar da vida.

Note, então, prezado leitor, que quando falamos em Fé, não nos referimos a acreditar ou deixar de acreditar em alguma coisa. Estamos falando da atitude das pessoas com relação à vida e às outras pessoas.

Assim, mesmo que alguém afirme não acreditar em macumba, se sua atitude está ligada a um padrão vibratório, moral ou emocional mais baixo, será mais suscetível aos efeitos maléficos desse tipo de trabalho.

Da mesma forma, uma pessoa, ainda que acredite na existência de feitiçaria, terá uma proteção natural se cultivar hábitos e pensamentos saudáveis sobre si mesma, sobre os outros e sobre a vida.

Nesse momento, talvez alguém faça os seguintes questionamentos:

Então basta juntar o procedimento magístico correto com a Fé para que uma Magia dê resultados?

Se eu estiver diante de um verdadeiro Guia de Lei da Umbanda e tiver Fé nele, com certeza serei atendido naquilo que peço?

Da mesma forma, se eu estiver fragilizado, emocional ou espiritualmente, e alguém fizer algum trabalho ou lançar alguma demanda[24] contra mim, certamente serei prejudicado? A resposta é NÃO!

Não, porque além do que já foi mencionado como essencial para uma ativação magística, existe algo que é decisivo para uma Magia atuar ou não: o Merecimento de cada um.

Nada, absolutamente nada, acontece no mundo, e em nossas vidas, que não esteja de acordo com a Lei Maior e com a Justiça de Deus.

Tudo, absolutamente tudo, o que acontece em nossas vidas está de acordo com uma Lei Natural de Deus: a Evolução.

---

24. Na Umbanda, o termo demanda é sinônimo de feitiço ou magia negativa.

Vale lembrar que Deus não permite o sofrimento e a dor dos seus filhos porque Ele é mau ou porque quer nos castigar. Tudo acontece para que possamos amadurecer e evoluir em nosso nível de maturidade espiritual.

Por isso, ainda que eu tenha Fé, só poderei ser beneficiado por uma Magia Divina se eu for merecedor desse benefício e se essa graça for contribuir para a minha evolução consciencial.

Da mesma forma, só serei vítima de uma feitiçaria se esse mal for útil para o meu crescimento espiritual ou se esse mal for de meu merecimento por causa daquilo que eu fiz nesta ou em outras encarnações.

É a Lei do Retorno, que foi popularizada na expressão: "Aqui se faz, aqui se paga". E, lembrando: não pagamos porque Deus nos castiga. Pagamos porque todos nós somos crianças espirituais que precisam de correções para aprender o caminho de retorno ao nosso Criador.

Dizemos, então, que a Umbanda é uma religião magística porque existe uma relação constante e integrada entre a prática religiosa e o uso da Magia.

Primeiramente porque toda a sustentação espiritual, energética e vibratória dada pelos Orixás aos Templos de Umbanda se dá por meio dos Mistérios e Elementos da Natureza, afinal, como já dissemos, a nossa Mamãe Natureza é materialização das Vibrações Divinas, os Sagrados Orixás.

E, em segundo lugar, porque a Magia está presente nas mais diversas práticas realizadas pelos Guias em uma Gira de Umbanda.

A Magia está presente nos pontos riscados, nas velas, na defumação, nos passes, nas oferendas e em muitas outras práticas. E também está naquilo que a maioria das pessoas não consegue entender e até mesmo aceitar: no uso da bebida e do fumo enquanto elementos magísticos de trabalho.

Mas, sobre isso falaremos mais adiante quando tratarmos da atuação dos Guias.

Antes ainda de encerrarmos aqui este assunto, precisamos reforçar e deixar claro que a Magia Divina praticada nos terreiros de Umbanda não é feitiçaria e não pode ser, em hipótese alguma, uma prática direcionada ao mal ou para causar prejuízo a outras pessoas.

Como diz o sacerdote e escritor Alexandre Cumino: "Umbanda é religião e, se é religião, só pode praticar o bem".

Se, em um terreiro existir algum trabalho que não seja para a prática do bem e da caridade, isso não é Umbanda.

Se alguém, um médium ou até mesmo um sacerdote, ativar poderes magísticos para prejudicar seus semelhantes, essa pessoa não é digna de se intitular umbandista.

Se em um terreiro um Guia fizer qualquer trabalho com o propósito de prejudicar alguém, ainda que seja para beneficiar outra pessoa, existe algo de errado e, nesse caso, existem três possibilidades:

• Ou não estamos tratando com um verdadeiro Guia de Lei e sim com um espírito inferior, ainda preso às mazelas da ignorância e que está se passando por um Guia de Luz.

• Ou estamos diante de um médium despreparado, incapaz de intermediar a verdadeira comunicação do Guia.

• Ou ainda estamos diante de um médium preso ao orgulho, iludido por sua vaidade e que está fingindo ou imaginando (delirando) uma incorporação.

O fato é que a Magia é uma realidade!

Invisível aos nossos olhos, mas facilmente perceptível em seus efeitos, sejam eles positivos, oriundos da Magia Branca; sejam eles negativos, oriundos de uma Magia Negra.

Mas, o que seria a Magia Negra? E o que é a Feitiçaria?

Inicialmente, não existia uma Magia Branca e uma Magia Negra. Havia uma única Magia Divina que servia de instrumento para o desenvolvimento consciencial dos homens.

Todavia, com o passar do tempo, esse Conhecimento Sagrado chegou também a homens e mulheres que, ainda presos aos vícios do egoísmo, passaram a manipular essas Forças da Natureza exclusivamente em benefício próprio e, por vezes, utilizavam essas forças para prejudicar seus semelhantes.

Foi o desvirtuamento da Magia. Foi o início de um combate que sobrevive há milênios: a luta entre o Bem e o Mal.

Os chamados Magos Brancos, motivados por nobres princípios e valores morais, trataram de perpetuar seus conhecimentos a fim de que esse presente de Deus continuasse a beneficiar os homens. Todavia, procuraram restringir esse conhecimento a grupos de pessoas rigorosamente escolhidas.

O conhecimento da Magia, agora chamada de Magia Branca, já não estava mais disponível para todos. A Magia se tornou então um conhecimento esotérico, ou seja, fechada apenas aos iniciados em seus mistérios.

Os Magos Negros, por sua vez, também propagaram seus conhecimentos somente aos seus seguidores. Também de forma esotérica. Ambos procuraram manter a Magia guardada, escondida da massa.

Os Magos Negros assim o fizeram, e fazem, para assegurar o poder que essa exclusividade de conhecimento lhes traz.

Os Magos Brancos assim o fizeram para que o conhecimento não caísse, mais uma vez, nas mãos de profanos que, em vez de colocar esse poder em favor da humanidade, os usasse como instrumento de dominação sobre os Homens.

Ainda com o passar do tempo, essas práticas utilizadas nos rituais de Magia Negra foram sendo aprendidas e copiadas pelas pessoas que assistiam a esses rituais. Nasceu assim a Feitiçaria. E reside aí a grande diferença entre um Mago Negro e um feiticeiro.

Um Mago Negro é alguém que foi iniciado na Magia e, ainda que a use de forma egoísta e nefasta, detém profundos conhecimentos sobre a manipulação das forças da Natureza. Um Mago Negro sabe como fazer e sabe como funciona uma prática magística.

Apesar do uso indevido que faz dessas forças, ele tem o conhecimento e o poder mental necessários para criar, desenvolver, ativar e direcionar magias.

Além disso, um Mago Negro não é um indivíduo ignorante dos ditames da Lei Maior e da Justiça Divina. Ele sabe dos débitos cármicos que criou e que está criando em virtude de seus erros e desvios.

Não é um indivíduo ignorante das Leis de Deus. Faz o que faz porque todo o seu ser já está negativado e comprometido com os poderes das trevas.

Já um feiticeiro é alguém que apenas reproduz uma prática aprendida. Ele até pode saber como fazer um ritual, mas não tem o conhecimento sobre o que acontece nos planos espiritual e elemental quando uma magia é ativada.

E, na maioria das vezes, um feiticeiro sequer tem a correta dimensão das consequências sobre si mesmo de suas ações maldosas e egoístas.

Não tem noção da implacável Lei do Retorno que sofrerá por ativar de forma desvirtuada os poderes da Natureza.

O nascimento e a difusão da Umbanda como religião aqui no plano material é um dos caminhos que o Governo Oculto do Planeta[25] vem utilizando para novamente estender à humanidade os benefícios da Magia Branca.

Alguns desses Magos Brancos são agora chamados de Guias de Lei de Umbanda. São espíritos trabalhadores da Luz que, no Plano Astral onde se encontram, passam por toda uma iniciação e recebem a outorga do Alto para trabalhar.

Dotados desse conhecimento e em nome do Pai Criador e dos Sagrados Orixás, eles baixam[26] nos terreiros pelo mundo afora, trazendo o aconselhamento para aqueles que se encontram perdidos, irradiando luz para aqueles que se desviam do caminho e oferecendo ajuda àqueles que precisam, pedem e merecem.

São os trabalhadores do Cristo que estão, novamente, colocando a Magia a serviço dos homens.

Espíritos de Luz que usam seus profundos conhecimentos magísticos para combater o mal e reduzir as trevas da ignorância que ainda habitam em nossa Humanidade.

---

25. Trata-se de um governo invisível formado por Seres Ascensionados – Espíritos que alcançaram níveis muito elevados de consciência – que regem os grandes eventos do nosso planeta, administrando as energias e as sabedorias divinas que a Terra recebe e as espalham por toda a Humanidade e pelos demais reinos.
26. O termo baixar no terreiro será ilustrado mais adiante.

## Capítulo 10

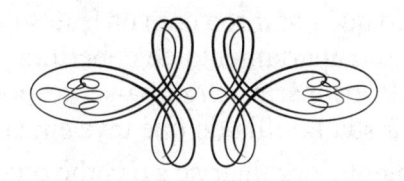

# Umbanda:
# A Manifestação do Espírito para a Caridade

Jonas, meio desconfiado e depois de muito relutar, entrou naquele terreiro de Umbanda.

Seus passos firmes e seu jeito altivo fazem com que a chegada daquele homem moreno, alto, de traços rudes e cabelos bem penteados, seja notada pelos frequentadores mais assíduos.

Jonas beira os 40 anos. Fez carreira em uma grande empresa na capital. Começou como auxiliar administrativo e hoje é o diretor financeiro e homem de confiança do presidente.

Sua trajetória de sucesso profissional foi uma consequência natural de seu comprometimento. Sempre foi um dos primeiros a chegar e um dos últimos a sair da empresa.

Ainda hoje, mesmo não precisando mais "mostrar serviço", mantém a mesma rotina de trabalho.

Orgulha-se de trabalhar duro. Orgulha-se também do carro importado que comprou com os frutos de seu trabalho. Orgulha-se do seu apartamento de cobertura. Orgulha-se de seu gordo saldo bancário. Orgulha-se de poder dar muito mais conforto à sua família do que teve em sua infância.

Provavelmente, orgulhar-se é o verbo que melhor define o Jonas.

Talvez por isso, mesmo com o coração despedaçado, Jonas não perdeu a pose quando entrou no terreiro.

Com certo desdém, pegou a senha das mãos da moça que fazia a triagem na recepção da casa e esperou sua vez até ser chamado para conversar com o Pai João de Angola.

Ainda de cabeça erguida, Jonas se senta aos pés do Preto-Velho.[27]

Aquilo parecia um paradoxo. Uma verdadeira contradição: o poderoso diretor da empresa sentado no chão, aos pés de um Preto-Velho.

Aos poucos, com seu jeito acolhedor, com sua humildade e com sua sabedoria, fruto dos anos de sofrimento vividos na matéria, Pai João vai deixando Jonas mais à vontade.

À medida que conversam, Pai João vai aplicando um passe magnético. Vai energizando o homem e dedica uma atenção especial à energização de seu chacra cardíaco, que está completamente fechado.

Jonas vai se tranquilizando e, então, abre seu coração. Revela que está arrasado porque sua esposa, após mais de 20 anos de casados, pediu a separação.

---

[27]. Como será relatado em diversos trechos, sentar-se aos pés de um Preto-Velho é mais do que a ação mecânica de se sentar. É um ato de humildade e de grande valor simbólico nos rituais umbandistas.

O homem arrogante de minutos antes agora dá espaço para um ser humano que sofre em suas aflições, medos e incertezas.

Sua mulher reclama que ele só pensa em trabalho. Reclama que não a valoriza e que a trata como mais uma de suas funcionárias.

Joga na cara dele que o conforto que ele dá a ela e aos filhos não é por amor, e sim para provar a si mesmo que ele conquistou o sucesso profissional.

Pai João ouve em silêncio. Não julga, não condena. Apenas acolhe.

Nesse momento, lágrimas discretas começam a correr pela face de Jonas.

Pai João de Angola dá um pito no seu cigarrinho e, com um sorriso amoroso, olha no fundo dos olhos de Jonas.

"Sabe, misi fio, a vida às veiz derruba nóis pra tirá a gente de cima do pedestar. Faiz a gente caí prá aprendê a dá valô no que realmente importa nessa vida."

"Óia só procê. Deu tanto valô pra acumulá as riquezas do mundo que deixô de dá o devido valô à sua companheira e à sua famía. Agora se num tomá jeito, se num mudá, vai acaba perdeno tudo o que rearmente importa."

E assim, enquanto Jonas sentia a garganta apertada a represar suas lágrimas, Pai João, com seu jeitinho simples, ia falando com aquele homem sobre os valores espirituais e sobre a importância da humildade.

O Jonas de nossa história, como tantas outras pessoas, por estar com a visão obscurecida pela ambição, pela vaidade e pelo apego às coisas materiais, acabou perdendo o que havia de mais importante em sua vida.

Naquele momento, o que ele mais precisava era aprender a sublime lição da humildade.

E quem melhor do que um Preto-Velho para falar sobre humildade?

Quem melhor do que um homem que foi escravizado, que apanhou, que foi humilhado e que, por tantas vezes, foi comparado a um animal de carga?

Quem melhor do que alguém que passou por tudo isso e, ainda assim, foi capaz de reconhecer a bondade do Criador e perdoar àqueles que o haviam humilhado?

O Preto-Velho é, então, o modelo de um ser humano que tem em si os valores da sabedoria, da humildade e do perdão.

Preto-Velho é a manifestação de um arquétipo, uma figura presente no imaginário da humanidade e que traz uma representação específica para as pessoas.

Por isso, um Preto-Velho não é necessariamente um homem que foi um escravo negro.

É um espírito que possui os valores que esse arquétipo representa.

Quando se dirigem a um Preto-Velho, as pessoas automaticamente criam a imagem de um negro ancião que passou pela experiência da escravidão. E essa imagem cria uma série de reações emocionais nas pessoas.

Por isso, as pessoas se sentem tão acolhidas e seguras ao falar com um Preto-Velho. As pessoas sentem que estão lidando com alguém que traz a sabedoria do ancião e a humildade de quem passou pelo sofrimento.

Assim, se refletirmos sobre o impacto que a figura de um Preto-Velho causa nas pessoas, naturalmente concluiremos que mais importante do que se aquele espírito foi mesmo um negro, se foi um escravo ou se foi alguém que morreu velho, é a reação que esse arquétipo desperta em quem se senta aos seus pés.

Então, é importante deixar claro aqui que, para que um Guia receba o Grau ou título de Preto-Velho, independentemente de ele ter tido ou não uma experiência encarnada como um velho escravo negro, esse espírito precisa ter passado por experiências e aprendizados que tenham imprimido em seu ser a Humildade e a Sabedoria.

Ou seja, sentar-se aos pés de um Preto-Velho é colocar-se sobre o amparo de um espírito com essas qualidades.

O que estamos afirmando aqui é que um espírito que tenha sido na última encarnação um louro de olhos azuis, membro da alta sociedade e que tenha desencarnado ainda jovem, pode vir a ser um Guia que trabalha com o arquétipo Preto-Velho se ele possuir as qualidades desse arquétipo.

Lembremos que uma encarnação é apenas uma pequena passagem diante de nossa existência milenar.

Da mesma forma, não é porque um espírito foi em alguma encarnação um negro escravo que ele será um Preto-Velho de Umbanda.

O que importa não é o que fomos ou o papel que representamos no teatro da vida enquanto encarnados. O que importa é o que aprendemos ao longo de nossas existências.

Assim, ser um Guia de Umbanda e trabalhar em determinada Linha[28] significa possuir todas as qualidades e atributos relacionados àquela Linha.

Para receber o grau de Caboclo e atuar como um Guia de Umbanda na Linha dos Caboclos, o espírito não precisa ter sido, necessariamente, um índio. Mas, deve possuir todas as qualidades que o arquétipo do Caboclo representa.

Um Guia que atua na Linha dos Baianos pode ter ou não vivido na Bahia. Pode ter nascido em Pernambuco, em

---

28. Uma "Linha" na Umbanda é uma organização de espíritos que se unem por afinidades energéticas, vibratórias e conscienciais em torno de uma missão e atuam nas esferas espirituais e materiais como uma corrente de trabalho.

São Paulo, no Acre, nos Estados Unidos, no Japão ou em qualquer outro lugar.

Mas, um espírito para ter a oportunidade de ser um Baiano na Umbanda precisa ter vivido experiências e aprendido a encontrar a alegria mesmo nas condições mais adversas. Necessita ter a firmeza de caráter, sendo justo em suas decisões e honesto em suas ações. Deve ter a simplicidade e a bondade no trato com as pessoas.

Enfim, precisa ter em sua atitude as qualidades que o arquétipo Baiano imprime na percepção das pessoas.

A verdade é que os fundadores espirituais da Umbanda, amparados na infinita sabedoria dos Sagrados Orixás, criaram uma religião arquetípica. Uma religião que, por ser baseada nas personificações das qualidades humanas, consegue melhor atingir o coração e o imaginário das pessoas.

Por isso, quando incorporam em seus médiuns, os Guias assumem um jeito de falar e uma expressão corporal relacionados à Linha de Trabalho à qual pertencem.

Um Preto-Velho não usa expressões como "Misi Fio", "Óia", "Muiéco", "Aprendê a dá valô" ou "Suncê" porque é analfabeto, porque não sabe falar ou porque é um espírito ignorante.

Muito pelo contrário, ele tem a sabedoria de usar esse trejeito para que, por meio desse arquétipo, ele possa falar de maneira mais simples e tocar de forma mais profunda na sensibilidade das pessoas.

Se um Preto-Velho quiser se comunicar utilizando-se de um linguajar culto e impecável, ele tem todas as condições para isso. Ele pode fazer isso a qualquer momento. Pode inclusive versar sobre temas muito variados e sobre diversos campos do conhecimento.

Mas, mesmo sendo espíritos com profundos conhecimentos e com uma ampla visão do mundo e do ser humano, os Guias se dispõem a se manifestar apenas dentro dos padrões dos seus arquétipos.

Por isso, dizemos que eles baixam nos terreiros. Eles reduzem, baixam o seu padrão vibratório para se tornarem mais acessíveis a nós e, consequentemente, facilitarem a incorporação.

Ainda que em sua última encarnação um espírito que atua na Umbanda como um Preto-Velho tenha sido um médico, um advogado, um escritor ou um poeta, ele vai usar o jeito simples de falar, inclusive se servindo dos erros de português, afinal o Guia não precisa provar nada.

Ele já atingiu um nível de maturidade espiritual em que compreende que o rótulo ou a embalagem não podem ter valor maior do que o produto.

É como Allan Kardec diz no *Livro dos Espíritos*: "Para o espírito a forma não tem importância, o que vale é o conteúdo da comunicação".

Ao assumir a roupagem de um arquétipo, o Guia, em um ato de humildade e de compreensão das verdades espirituais, abre mão do seu ego para fazer parte de algo muito maior: uma Linha de Trabalho.

Deixa de lado seu nome particular da última ou de qualquer outra encarnação, para fazer parte de um time que, vestindo o mesmo uniforme, se torna mais forte para a prática do bem e da caridade.

É claro que aquele espírito continua tendo sua individualidade. É óbvio que, por exemplo, os Caboclos que baixam nos terreiros não são todos iguais. Cada um tem suas particularidades, seu jeito de ser e sua forma de compreender o mundo.

Até porque, assim como nós, cada Guia tem sua própria caminhada, suas experiências e suas escolhas pessoais.

É como em um time. Cada membro é um ser individual, mas quando veste o uniforme, ele deixa de ser só o indivíduo e passa a ser parte de algo maior do que ele, o time.

Na Umbanda, o espírito nunca joga sozinho.

E, nesse jogo, só se pode jogar fazendo parte de uma equipe.[29]

Ainda sobre os Guias, precisamos entender esses benditos trabalhadores da seara do Cristo como seres humanos que, assim como nós, estão em constante processo de evolução.

São espíritos que, por meio da oportunidade de praticarem a caridade, também estão se elevando e se desenvolvendo.

Os Guias não são, como muitos pensam, seres perfeitos que já atingiram a plenitude da evolução espiritual. Ao contrário: são seres humanos que também trabalham e se esforçam para vencer as próprias paixões inferiores e adquirirem maior compreensão da Vontade de Deus.

Mas, em hipótese alguma, o fato de ainda não serem perfeitos diminui seu valor, sua importância e seu mérito. Sobretudo porque estamos falando de "pessoas" que, mesmo sendo falíveis, se entregam com todas as suas forças e com todo o seu comprometimento aos trabalhos de caridade.

São espíritos que reconhecem a importância do amor, da fraternidade e da prática do bem e que procuram fazer

---

29. Além da manifestação nas chamadas Linhas de Trabalho, os espíritos que incorporam nos terreiros de Umbanda possuem uma subdivisão dentro dessas linhas, as chamadas Falanges. Tomando, por exemplo, a Linha dos Caboclos, encontramos a Falange dos Caboclos Cobra Coral, a Falange dos Caboclos Sete Flechas, a Falange dos Caboclos Pena Azul, Pena Branca, Pena Dourada, Falange dos Caboclos Guaraci e dezenas de outras falanges. Apesar de todos serem Caboclos, cada uma dessas falanges atua dentro de uma irradiação específica e possui uma forma de trabalho com algumas particularidades que as distinguem das demais.

seu melhor para aproveitar as oportunidades de crescimento e evolução por meio do trabalho.

Espíritos que honram com amor e disciplina as oportunidades de trabalho recebidas do Criador.

Os Guias, também ao contrário do que muitos pensam, não são seres dotados de superpoderes. Não podem fazer milagres. E também não possuem bola de cristal para prever o futuro.

Os Guias sempre trabalham dentro dos limites da Lei Maior e da Justiça Divina. E, em suas ações, não podem jamais agir contra as Leis da Natureza.

Diante dessas afirmações, talvez alguém pense: "Então os Guias não podem ajudar as pessoas"?

A resposta é simples: é claro que podem. É claro que ajudam, e muito.

Apesar de não fazerem milagres, os Guias sabem e podem manipular as Forças da Natureza, ou seja, usar a Magia em favor daqueles que precisam. Mas sempre de acordo com o merecimento de cada um.

Os Guias podem manipular os campos vibratórios, reequilibrando as energias das pessoas por meio dos passes magnéticos.[30]

Os Guias, por meio dessas manipulações energéticas, podem contribuir para o alívio das dores, para a cura de doenças e para a restauração da saúde.

Todavia, uma coisa deve estar sempre bem clara para quem procura a ajuda dos Guias: se os hábitos pessoais e os padrões mentais não forem saudáveis, os Guias não têm muito o que fazer, afinal não podem fazer milagres.

---

30. Vale lembrar aqui que o estado mental e o padrão vibratório de cada indivíduo serão sempre decisivos para uma melhor eficácia desses passes magnéticos.

Da mesma forma, se uma enfermidade faz parte de um resgate cármico ou de um planejamento prévio para a atual encarnação do indivíduo, o Guia não pode e não vai atuar contra os ditames da Lei Maior.

Mas, nesse caso, ainda que ele não possa atuar para promover a cura, ele vai ajudar o indivíduo a se fortalecer física, mental e espiritualmente para lidar com suas dificuldades.

Os Guias não podem adivinhar o futuro das pessoas, sobretudo porque o futuro de alguém sempre será a consequência de suas escolhas presentes.

O que ele pode fazer é, tomando por base aquilo que está acontecendo no presente, falar sobre as maiores possibilidades de ocorrência no futuro.

E, ainda assim, ele só vai dizer isso para a pessoa se isso for permitido pela Espiritualidade Maior, se essa descoberta for de merecimento da pessoa e se isso for contribuir para a evolução dela. Ou seja, os Guias não agem de forma impulsiva e desordenada. Tudo é regido com muita disciplina e as coisas só acontecem segundo a Vontade de Deus.

É por isso que as pessoas muitas vezes não entendem por que os Guias não estão ajudando.

Na verdade, eles sempre ajudam, mas dentro de suas possibilidades. Sempre dentro dos limites da Lei.

Nós, encarnados, ainda com nossas vistas obscurecidas pelas paixões da matéria, temos a tendência de pedir as coisas que queremos e não aquelas que precisamos.

Os Guias, por estarem em outro plano e por terem uma visão mais ampla de nossas necessidades, vão nos ajudar de acordo com o que realmente precisamos, e não necessariamente de acordo com o que queremos. Mas sempre, absolutamente sempre, respeitando o nosso livre-arbítrio.

Os Guias orientam, mas jamais nos mandam ou nos obrigam a fazer aquilo que não queremos.

Se estivermos com os ouvidos e com o coração abertos para ouvir e sentir, podem nos mostrar um caminho mais seguro e mais propício para nossa evolução. Mas, vale lembrar novamente que a escolha de seguir por esse caminho será sempre nossa.

Eles não fazem as escolhas que nos cabem.

Algumas pessoas, por acreditarem em um poder superior dos Guias ou ainda por terem medo de assumirem as próprias escolhas, costumam perguntar aos Guias o que elas devem fazer em determinadas situações.

Criam uma expectativa e uma ilusão de que o Guia vai decidir o futuro delas. Nesse momento, os Guias, em uma linguagem acessível ao nível de compreensão de cada um, faz a pessoa entender que são exatamente as nossas escolhas que moldam o nosso caráter e que, consequentemente, determinam nosso destino e nossa evolução.

Os Guias, via de regra, mostram opções e as prováveis consequências de cada escolha. Todavia respeitam aquilo que decidimos.

Eles não vão nos julgar e nos condenar se, em vez de seguirmos suas orientações, optarmos por fazer tudo diferente.

Ainda que escolhamos um caminho tortuoso, que possa ferir, machucar ou prejudicar os outros ou a nós mesmos, eles não vão nos punir ou agir para nos prejudicar.

Eles apenas se afastam temporariamente até que estejamos mais preparados para ouvi-los.

As correções ou punições pelos nossos erros jamais são feitas pelos Guias. A própria vida se encarrega disso...

Tudo segue o princípio natural de ação e reação, regido pela Lei Maior.

Os Guias de Lei de Umbanda sabem que a tomada de consciência sobre os valores e as verdades espirituais acontece em diferentes momentos para cada pessoa. Por isso, tratam cada um de acordo com sua capacidade de compreensão.

Para aqueles que sofrem, o Caboclo, com seu arquétipo do Guerreiro, sempre terá uma palavra de encorajamento e uma mensagem de disciplina para se vencer os combates da vida. Mas, a forma e a profundidade dessa palavra serão de acordo com o nível de evolução e capacidade de compreensão de quem ouve.

Um Erê[31] sempre terá a pureza, o carinho, a bondade, a ternura e a inocência da criança em sua fala. Sua ação estará sempre em comum acordo com as palavras do Cristo: "Deixai vir a mim os pequeninos, porque deles é o Reino dos Céus".

Mas, a profundidade naquilo que é dito por um Erê estará de acordo com a compreensão daquele que ouve. Assim, uma mesma mensagem, um mesmo ensinamento ou uma mesma lição espiritual serão comunicados de formas diferentes para o analfabeto e para o Ph.D.

Um Baiano sempre vai ter um jeitão simples e festivo quando baixa no terreiro. Mas sua mensagem, transmitida no linguajar típico do nordestino, apesar de alegre, vai ter a seriedade na justa medida da necessidade e da compreensão do seu interlocutor.

O equilíbrio entre a alegria e a austeridade de suas palavras estará em conformidade com o sofrimento do outro.

E não poderia ser diferente. Afinal, para trabalhar com o arquétipo do Baiano, para ser um Baiano na Umbanda,

---

31. Os Erês são espíritos que se manifestam na chamada Linha das Crianças.

é preciso ser alguém que entende o sofrimento, a dor e a dificuldade.

Por isso, ainda que se apresente de forma alegre e simples, o Baiano vai trazer uma mensagem séria e profunda, de acordo com aquilo que se passa no coração e na vida daquele que se encontra à sua frente.

Vale também ressaltar que, mesmo não sendo adivinho e não tendo bola de cristal, o Guia consegue, muitas vezes, sentir aquilo que se passa com as pessoas que chegam até ele. Isso acontece por duas razões:

Primeiramente porque o Guia pode ler o campo energético dos encarnados. E essa leitura traz muitas e valiosas informações sobre o que está acontecendo na vida, nas emoções, na saúde e nas preocupações das pessoas.

Em segundo lugar porque a espiritualidade conversa entre si.

Ou seja, no Astral, os mentores, guardiões ou espíritos amigos que acompanham a pessoa que chega ao terreiro conversam com os Guias que vão atendê-la, trazendo as informações necessárias para que o Guia, incorporado em um médium, ajude aquela pessoa. Tudo isso ocorre de forma ordenada, mostrando a enorme organização do mundo espiritual.

E assim, amparados pela Espiritualidade Maior, regidos por uma severa disciplina, organizados em uma hierarquia muito bem definida e atuando em conformidade com as Leis de Deus, os Guias de Umbanda praticam a caridade pura.

Essa mesma estruturação arquetípica acima citada sobre os Pretos-Velhos, os Caboclos, as Crianças e os Baianos, acontece em todas as demais linhas de Umbanda. Inclusive os Exus e as Pombagiras.

Mas, antes de seguirmos adiante, precisamos deixar algo bem claro: se fazemos aqui, neste momento, uma menção especial aos Exus e às Pombagiras, não o fazemos por considerarmos essas duas Linhas mais ou menos importantes.

Ao contrário, entendemos que todas as linhas são igualmente importantes, pois são complementares entre si.

E é sempre bom lembrar que os Guias não estão preocupados se a sua Linha de Trabalho é mais ou menos importante do que as outras.

Por entenderem o sentido das palavras do Cristo no maravilhoso Sermão da Montanha: "Bem-aventurados os humildes de espírito, porque deles é o Reino dos Céus", nenhum Guia está procurando ser maior ou provar que é melhor do que outro Guia.

Os Guias apenas trabalham para ajudar aos outros e, com isso, evoluir.

Então, se destacamos aqui essas duas Linhas de Trabalho, é porque elas sempre foram as maiores vítimas do preconceito e da ignorância daqueles que não conhecem a importância e o alcance de suas atuações.

Os Exus e as Pombagiras são os Guardiões do Astral. Atuam como uma verdadeira Polícia, protegendo e guardando as Casas Umbandistas e seus frequentadores.

Na constante luta entre o bem e o mal, são esses Guardiões que mantêm a ordem e a disciplina e que garantem a segurança espiritual durante os trabalhos.

Para uma Gira ser aberta e os Caboclos, os Marinheiros, os Ciganos ou quaisquer outros Guias poderem baixar e praticar a caridade espiritual, são esses Guardiões que ficam a postos fazendo a defesa dos templos.

Devido aos ataques e às investidas que os espíritos inferiores fazem a todas as casas de oração, podemos dizer que sem os trabalhos de defesa e o policiamento dos Exus e das Pombagiras esses templos nem poderiam ter suas portas abertas.

Notem que falamos em casas de oração e não apenas em terreiros de Umbanda. Isso porque, na entrada de uma igreja católica, de uma igreja evangélica, de um centro kardecista, de uma mesquita, de uma sinagoga ou de qualquer outro templo, lá estarão os Guardiões fazendo a proteção.

Nos templos das outras religiões, poderão receber outros nomes, ou mesmo nem serem reconhecidos como Guardiões. Mas, ainda assim, lá estarão esses queridos Policiais do Astral, na Umbanda chamados de Exus e Pombagiras, fazendo seus trabalhos.

Portanto, ao contrário do que pensam muitas pessoas ignorantes das verdades espirituais, os Exus que atuam na Umbanda não são espíritos inferiores e muito menos encarnações do diabo.

Da mesma forma, as Pombagiras não são as prostitutas do Astral ou espíritos de mulheres vulgares.

Assim como nós, e assim como os Guias que atuam nas demais Linhas de Umbanda, os Exus e as Pombagiras são espíritos que estão dentro do ciclo reencarnacionista e, portanto, estão aprendendo com as experiências adquiridas a todo momento.

Em geral, nessa Linha, atuam espíritos que têm muito conhecimento a respeito das emoções e das paixões humanas. Por isso, além do essencial e indispensável trabalho de proteção que os caracterizam, são ótimos conselheiros para os assuntos que envolvem o campo dos sentimentos.

Portanto, Exus e Pombagiras são o que são: Guias de Umbanda. E, como tal, são trabalhadores do Cristo que atuam em nome de Deus e em nome da Lei Maior e da Justiça Divina.

Então, se uma entidade praticar qualquer ação que não esteja em ressonância com o bem, não pode ser um Exu ou uma Pombagira, tal como a Umbanda os define.

Fazer o bem e atuar contra o mal é, portanto, uma condição indispensável para qualquer espírito ser um Guia de Lei.

E isso por uma razão bastante simples: porque, a Umbanda nada mais é do que a manifestação do espírito para a prática da caridade!

## Capítulo 11

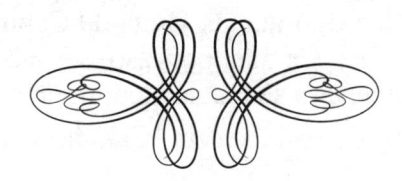

# Vai Começar a Gira

Cláudio entra agitado no terreiro.

Na pressa, acabou deixando mal estacionado o carro que havia tomado emprestado de um amigo...

Como ele mesmo tinha dito à sua mãe, não estava indo ao terreiro porque queria, mas porque precisava.

Daria uma passadinha rápida na Gira de sexta-feira, tomaria um passe e pediria uma força para o Caboclo; afinal, havia se metido em encrenca e precisava de alguma ajuda, nem que fosse do Além...

Ainda não sabia direito o que conversaria com o Caboclo. Também não sabia como abordar o problema, pois era constrangedor falar do assunto.

Mas, uma coisa ele já sabia: não poderia demorar muito, pois, depois do terreiro, iria direto para a balada com os amigos.

E aquela balada estava prometendo, porque a Suzana estaria por lá e fazia tempo que ele queria sair com ela.

Por isso, estava bem vestido, com os cabelos arrumados com gel e usava um bom perfume amadeirado.

Dona Deolinda, sua mãe, assídua frequentadora daquele terreiro, havia lhe dito que as Giras de Caboclos costumavam ficar bem cheias e que, por isso, seria bom ele chegar mais cedo para pegar a senha de atendimento.

O conselho de nada serviu. Cláudio chegou em cima da hora.

Tomou um susto ao ver a casa tão cheia.

"Pelo jeito a coisa vai ser mais demorada do que eu imaginei", falou para si mesmo.

Cláudio, então, pensou em dar um jeitinho para ser atendido mais rapidamente. Aproximou-se de Beatriz, responsável pela entrega das senhas do dia, e inventou uma história para tentar furar a fila.

"Boa noite, moça", falou em tom simpático. "Eu sou o Cláudio, filho da Dona Deolinda. Você conhece minha mãe"?

"Ah, claro. Dona Deolinda é um doce de pessoa", respondeu Beatriz deixando de lado seus afazeres para atender ao rapaz.

"Então, como ela não está muito bem hoje, eu vim para pedir uma ajuda dos Caboclos. Mas, em virtude de seu estado de saúde, preciso voltar logo para casa. O problema é que tem muita gente, por isso queria ver se você pode fazer a gentileza de me passar na frente", pediu Cláudio em tom de súplica.

Beatriz ficou sensibilizada com a situação de Dona Deolinda e, em consideração a ela, entregou uma ficha preferencial para o rapaz.

Cláudio sorriu e agradeceu de forma educada.

Mas, interiormente pensava outra coisa: "Eu sou mesmo muito esperto. Foi só jogar um xavequinho[32] e a menina bobinha caiu na minha lábia. Ainda bem, pois se eu fosse aguardar toda essa gente, teria de esperar umas duas horas".

Todavia, o que Cláudio nem imaginava é que junto a ele dois espíritos obsessores[33] sugavam suas energias enquanto alimentavam os pensamentos dissimulados do rapaz.

Quando chegou ao Terreiro, Cláudio trazia consigo mais de dez espíritos obsessores que já o acompanhavam há muito tempo.

A maioria desses espíritos foi barrada na entrada pelos Exus Guardiões daquele Templo. Apenas aqueles dois tiveram a entrada autorizada pelos protetores da casa.

As pessoas que vão a um terreiro, de maneira geral, não têm a menor ideia da grande organização que existe no Plano Astral que envolve o lugar.

Horas antes do horário marcado para o início dos trabalhos aqui no Plano Material, centenas de trabalhadores já se organizam na espiritualidade e preparam a Gira.

Coordenados pelos Guias sustentadores do terreiro, dezenas de espíritos humanos e espíritos elementais fazem uma verdadeira faxina energética no ambiente e deixam o espaço totalmente limpo para receber os Trabalhadores da Luz.

---

32. Xaveco é uma expressão popular que designa uma conversa com propósito de ludibriar alguém ou de ter uma vantagem pessoal em determinada situação.
33. Obsessores são espíritos que perturbam as pessoas, influenciando de forma negativa seus atos. Para a Umbanda, eles podem ser de dois tipos: os Quiumbas – entidades sem luz que, por meio dos chamados trabalhos, são enviadas por alguém para fazer o mal a outrem. E os Eguns – espíritos que não encontraram seu caminho após a morte e que, atraídos por afinidade energética, ficam ao lado de um ser humano, como um "encosto", atrapalhando-o sem querer e sem ter a noção exata do mal que esse ato está trazendo para a outra pessoa.

Da mesma forma, os trabalhadores que atuam na mesma falange dos Guias que baixam naquele terreiro ficam posicionados na cópia etérica do local e, de lá, amparam a sustentação energética da casa, além de atuarem no trabalho de socorro aos irmãos desencarnados que lá chegam.

Enquanto isso, os Guias da Casa estão trabalhando o campo mediúnico de seus médiuns, equilibrando suas energias, inspirando seus mentais e dando amparo espiritual, a fim de que eles cheguem devidamente preparados para o trabalho.

Dezenas de Exus, Pombagiras e outras entidades que trabalham à esquerda dos Divinos Orixás se posicionam, literalmente armados, a fim de criarem um verdadeiro escudo protetor.

Forma-se um círculo de Guardiões que controlam rigorosamente as energias e os espíritos que entram e saem do terreiro.

A verdade é que ninguém entra sem autorização em um terreiro de Umbanda.

Diante dessa afirmação, talvez alguém questione: "Mas, então, como aqueles dois obsessores ainda estavam com o Cláudio quando ele entrou no terreiro"?

A resposta é simples: se estavam, é porque precisavam estar!

Estavam ali para ouvir uma determinada mensagem, para receber uma determinada vibração, para serem encaminhados ou por alguma outra razão.

Razão essa que, ainda que não possamos entendê-la a partir de nossa condição de encarnados, certamente está de acordo com a vontade da Espiritualidade Maior e é de conhecimento dos Guias e dos Guardiões do terreiro.

Nada acontece por acaso. Nada acontece em um terreiro que não esteja submetido à perfeita disciplina da espiritualidade.

Então, em resumo, se eles estavam ali é porque tiveram a oportunidade de estar.

E, como tudo, absolutamente tudo, só acontece de acordo com a Lei Maior e com a Justiça Divina, se eles tiveram a oportunidade de estar ali é porque, naquele momento, tinham o devido merecimento para isso.

Quem de nós pode julgar o que se passa nesse sentido? Quem de nós tem condições de entender os planos de Deus?

Mas, voltemos à história...

Logo que Cláudio se sentou, ainda se achando o máximo por ter enganado a moça na entrega das fichas, o relógio da parede marcou 20h30.

Pai Luiz, o dirigente do terreiro, vai até a frente da Assistência[34] e, pontualmente como faz todas as sextas-feiras, começa o seu bate-papo com os frequentadores da casa.

Ele deu alguns recados e, também como faz regularmente, deixou claro para todos que aquela era uma casa onde se praticava a caridade em nome de Jesus Cristo, onde não se cobrava nada e que não aceitava qualquer tipo de pagamento pelos serviços oferecidos.

Sabedor de que muitas pessoas ainda trazem uma visão preconceituosa e, muitas vezes, uma expectativa distorcida da realidade, Pai Luiz fez questão de reafirmar que aquela Casa de Oração é um Templo de Luz e que todas as suas práticas eram voltadas única e exclusivamente para a prática do bem e para o fortalecimento da fraternidade humana.

---

34. Assistência é o nome dado às pessoas que vão a um terreiro para tomar um passe ou passar em consulta com os Guias.

Por cerca de dez minutos, Pai Luiz falou ainda sobre o valor do amor, sobre a importância do perdão, sobre a responsabilidade de cada um por aquilo que acontece em sua vida e sobre a bondade do Pai Criador, que sempre olha para nós com o seu infinito Amor.

Enquanto Pai Luiz falava, com seu jeito calmo e sereno, a maioria das pessoas na Assistência refletia sobre a coerência daquela mensagem.

Ao contrário de Cláudio, que se agitava impacientemente, preocupado apenas em ir embora logo, para ficar com Suzana na balada, e divagava em seus pensamentos sem dar qualquer atenção às palavras sensatas do pai de santo.

As palavras de Pai Luiz não atingiam apenas aos encarnados ali presentes. Diversos espíritos desencarnados que para ali foram levados também recebiam os benefícios da mensagem edificante e elevavam suas condições vibratórias naquele momento. Inclusive Jarbas, um daqueles dois obsessores que estavam com o rapaz.

A briga de Jarbas e Cláudio datava de séculos. Os dois haviam sido desafetos em outras encarnações. Desde que desencarnara pela última vez, Jarbas prometeu vingança ao espírito de Cláudio, que naquela época respondia pelo nome de Osvaldo.

Jarbas vinha então desferindo sua vingança já havia muito tempo. Apesar de cansado e do sofrimento que aquela vida sem um propósito mais elevado trazia para ele, a cegueira do ódio e do orgulho direcionava todas as suas forças para um único objetivo: acabar com Cláudio.

Mas, desde que Cláudio reencarnou, o assédio e a vingança de Jarbas estavam mais difíceis em função da presença de Deolinda, um espírito de elevada condição moral que aceitara receber Cláudio como filho e ajudá-lo durante a atual encarnação.

Assim, Jarbas precisou desenvolver estratégias mais elaboradas de obsessão e se aliar a outros espíritos trevosos para ferir Cláudio.

Além disso, precisava ficar sempre à espreita para agir quando o rapaz estivesse longe de Deolinda e, assim, favorecer-se da vibração mais baixa de Cláudio.

Mas, a verdade é que Jarbas já estava cansado, muito cansado, de viver de forma tão vazia.

Algo dentro dele começava a lhe dizer que aquele sentimento de ódio estava fazendo um mal maior para ele mesmo do que para seu inimigo.

Por isso, as palavras amorosas de Pai Luiz tocaram seu coração. E, sem que percebesse, aos poucos, lágrimas sentidas começaram a rolar em sua face espiritual.

E assim, mesmo antes de começar oficialmente a Gira, Jarbas e outros espíritos já haviam sido recolhidos de volta aos caminhos da luz, exatamente como acontece diariamente em muitos Terreiros pelo mundo afora.

Pai Luiz termina sua palestra agradecendo a presença de todos e pedindo a bênção dos Sagrados Orixás àqueles que ali se encontram.

Os médiuns já estão posicionados e a equipe de Curimba[35] começa a tocar um ponto de batida de cabeça.

Um a um, os médiuns se ajoelham em frente ao Congá[36] e tocam suas cabeças no chão em um ato simbólico, no qual humildemente o trabalhador de Umbanda coloca sua cabeça, centro de seu ser, à disposição dos Sagrados Orixás e dos Guias.

---

35. O termo Curimba define o grupo de pessoas que tem a responsabilidade pelo canto e pela percussão de atabaque em um terreiro.
36. O Congá é o Altar Sagrado de um terreiro de Umbanda, onde são colocadas as imagens que representam os Orixás e os Guias.

"Bater a cabeça" é, então, entregar-se de coração aberto aos trabalhos a serviço da Espiritualidade Maior.

Mas como não tinha qualquer noção do quanto é sagrado o ato de bater a cabeça e como só estava preocupado com o próprio tempo, a cada médium que se ajoelhava em frente ao Congá, a impaciência de Cláudio só aumentava.

E a sua irritação aumentou ainda mais quando começou a defumação.

Enquanto a Curimba tocava e os trabalhadores da casa cantavam um ponto de defumação, Sidney, o médium encarregado desse trabalho, percorria o terreiro defumando o ambiente.

Aos olhos de Cláudio, e de algumas outras pessoas ali presentes, a queima daquelas ervas poderia parecer apenas mais um ritual religioso.

Mas, na espiritualidade, a defumação é um procedimento fundamental para o bom andamento dos trabalhos.

Regidos pelos Guias e Mentores de um terreiro, os Espíritos da Natureza, ou Elementais, utilizam-se dos princípios ativos contidos nas ervas para fazer a limpeza energética do espaço e das pessoas.

No perispírito de Cláudio, por exemplo, estavam impregnados os mais diferentes tipos de energias negativas.

Além das formas-pensamento[37] condensadas, oriundas dos baixos padrões vibratórios de seus pensamentos, alojavam-se dezenas de cascões e larvas astrais[38] que lhe

---

37. Formas-pensamento são criações mentais que utilizam a matéria fluídica ou matéria astral para compor as características de acordo com a natureza do pensamento. Deste ponto de vista, encarnados e desencarnados podem criar formas-pensamento, com características boas ou ruins, positivas ou negativas. As formas-pensamento são criadas por meio da ação da mente sobre as energias mais sutis, criando formas que correspondem à natureza do pensamento gerado.
38. As larvas astrais são uma materialização no Plano Astral de nossas formas mentais e emoções negativas. São assim chamadas porque têm um formato semelhante

sugavam as energias e criavam verdadeiros buracos em seu perispírito.

Ao lado de Cláudio, estava sentada Rita, uma moça de vinte e poucos anos, dotada de grande sensibilidade mediúnica, mas que, por alguns motivos pessoais, ainda não tinha conseguido iniciar o desenvolvimento de sua mediunidade.

Como tem essa predisposição para interagir com o plano espiritual e por trabalhar em um ambiente com muitas pessoas, é muito comum Rita carregar[39] algumas coisas consigo. Energias, formas-pensamento e até espíritos sofredores acabam colando[40] no perispírito da moça.

Por saber sobre sua mediunidade e por ter aprendido sobre os cuidados que precisa ter em decorrência de ser médium, ela frequenta regularmente o terreiro.

Apesar de suas dificuldades, sempre que pode ela dá uma chegadinha ao terreiro, pois se sente bem mais leve quando vai lá, nem que seja só para tomar um passe.

Cláudio e Rita possuem compreensões muito diferentes a respeito da vida, da espiritualidade e do trabalho que acontece em um terreiro.

Consequentemente, quando Sidney passou defumando-os, os dois tiveram atitudes mentais bem diferentes.

---

às larvas que conhecemos no Plano Material.
Essas larvas astrais são verdadeiros parasitas que atacam nossa aura, sugando nossas energias e influenciando nossos pensamentos e ações. Uma de suas consequências mais comuns nos seus hospedeiros é a intensificação dos desvios de personalidade e dos vícios, como álcool, drogas, sexo e fumo.
39. Esse termo carregar está relacionado à expressão "Fulano está carregado". E também à expressão "Fulano precisa fazer um descarrego".
40. Colar, aqui, tem o sentido de ficar aderido, unido, por meio de uma conexão energética.

Enquanto Cláudio estava achando um saco[41] tudo aquilo, Rita colocava-se em uma postura respeitosa e com os pensamentos elevados em prece ao Criador.

Por isso, o alcance dos efeitos da defumação foi bem diferente em ambos.

Por causa das propriedades químicas das plantas, enquanto a fumaça tocava o corpo de Cláudio, algumas formas-pensamento iam se desprendendo como um processo natural das interações moleculares no nível energético.

Todavia, a atitude mental negativa e a forma pouco respeitosa de Cláudio faziam com que a limpeza só acontecesse nos níveis mais superficiais do perispírito do rapaz.

Ou seja, ainda que Cláudio não tivesse fé naquele fundamento religioso, as propriedades químicas presentes nas ervas de defumação ajudavam na limpeza de suas energias. Todavia, era apenas uma limpeza superficial.

Já no caso de Rita, os efeitos eram bem mais abrangentes e profundos.

A atitude mental positiva e respeitosa criava uma ressonância vibratória entre os seus pensamentos e os Espíritos da Natureza encarregados de manipular a energia vegetal proveniente das ervas de defumação.

Nesse caso, a ação ia além das propriedades químicas naturais das plantas. Envolvia uma interação energética e espiritual capaz de atingir níveis muito mais profundos no perispírito da moça.

Dezenas de espíritos elementais[42] ligados ao fogo, as salamandras, e ao ar, os silfos, percorriam o corpo físico, o

---

41. Expressão popular que representa uma situação enfadonha.
42. Os Elementais ou Espíritos da Natureza são os regentes das manifestações dos fenômenos naturais. Apesar de serem considerados por muitos como lendas e mitos, são seres reais e possuem papel fundamental no desenvolvimento e no equilíbrio dos recursos naturais. Em todas as épocas eles foram conhecidos e vistos

duplo etérico e o corpo astral de Rita fazendo uma verdadeira purificação energética.

Apenas com aquele procedimento, Rita já se sentia muito mais leve, pois as formas-pensamento e as energias densas que estavam impregnadas em seu perispírito eram absorvidas e transformadas.

No caso de Rita, temos um exemplo claro da Fé potencializando uma ação química natural.

Minutos depois, os médiuns encerraram o ponto e salvaram[43] a defumação.

Para aqueles que se limitam a enxergar o que veem os olhos materiais, foi uma simples queima de ervas que deixou um cheiro forte no ambiente.

Para aqueles que conseguem se abrir para as percepções do espírito, foi uma oportunidade de limpeza e equilíbrio energético, oferecida gratuita e amorosamente pelos Espíritos Elementais, esses irmãozinhos que vêm de outra dimensão para equilibrar as nossas energias por meio desse fundamento religioso que é o ato de defumar.

A gira já estava correndo.

Os Naturais de Oxóssi[44] iam baixar no terreiro.

---

por videntes ou por pessoas exteriorizadas de seus corpos físicos, nos fenômenos conhecidos como Desdobramento Astral.
43. Na Umbanda, a expressão "salvar" está relacionada a bater palmas em sinal de respeito ou devoção.
44. No capítulo seguinte será dada uma explicação mais detalhada sobre os chamados Orixás Naturais.

## Capítulo 12

## Começou a Gira

Apesar de impaciente, Cláudio ficou bem atento e até se esqueceu que estava com pressa quando a médium começou a tremer no meio do terreiro.

Naquele momento, a curiosidade falava mais alto, sobretudo porque eram muito nítidas as mudanças corporais apresentadas pela moça.

Márcia era pequena e bem magrinha. Mas quando recebeu a manifestação de Oxóssi, deu a impressão de que seu corpo tinha uma nova estrutura.

A médium parecia mais alta e mais forte enquanto girava e dançava ao som dos atabaques.

Seus movimentos firmes e precisos lembravam um índio se preparando para guerrear. Ela não dizia nada, mas, às vezes, soltava fortes brados que contrastavam com aquele corpo pequenino.

Márcia parecia estar tomada por uma força maior, que usava seu corpo para se manifestar.

O que se passou com a médium naquele momento foi o que os umbandistas chamam de incorporação de um Orixá.

Aqui, porém, é essencial, a título de informação, afirmarmos que, para a Umbanda, essas entidades que incorporam nesses momentos da Gira não são os Sagrados Orixás, Divindades assentadas em Deus (e explicadas ao longo do capítulo 8).

Nós, humanos aqui encarnados, não teríamos a mínima condição de receber sequer uma ínfima parte da energia irradiada por essas Divindades, que são pura Luz. Nossos corpos físicos simplesmente se desintegrariam ao contato com essa vibração.

Quem baixa nos terreiros, na verdade, são os chamados Orixás Naturais.

Irmãos que habitam outras dimensões do Universo, sustentadas com a pura vibração de um dos Sagrados Orixás.

Temos, portanto, uma dimensão cristalina, sustentada por Oxalá e onde vivem os Seres Naturais de Oxalá.

Uma dimensão mineral sustentada por Oxum e habitada pelos Seres Naturais de Oxum.

E temos as dimensões vegetal, ígnea, eólica, telúrica e aquática, sustentadas respectivamente pelas Divindades conhecidas na Umbanda como Oxóssi, Xangô, Ogum, Obaluayê e Iemanjá.

Em cada uma dessas dimensões habitam seres que, por estarem intimamente ligados às vibrações mais puras de cada Orixá, foram chamados na Umbanda de Orixás Naturais.

Trata-se de dimensões paralelas, incompreensíveis para nós, como tantos outros Mistérios de Deus.

Mas é sempre bom lembrar que, ainda que uma verdade seja incompreensível para nós, ela não deixa de ser uma realidade apenas porque não conseguimos entendê-la.

Esse, na verdade, é um tema complexo, que exige um enorme nível de abstração para termos uma pequena compreensão dessa realidade.

Por isso, para aqueles que querem se aprofundar no assunto, sugerimos a leitura do livro *Doutrina e Teologia de Umbanda*, de Rubens Saraceni.

Por se tratar de uma Gira de Caboclos e por determinação dos dirigentes espirituais da casa, naquela noite, alguns médiuns receberam Oxóssi para que o Axé[45] desse Orixá fosse irradiado e beneficiasse a todos que estavam naquele terreiro.

O que as pessoas que olhavam curiosas para a cena podiam ver era apenas os médiuns, como Márcia, dançando como guerreiros e caçadores ao som dos atabaques.

Mas, no Plano Astral, o que se podia ver era uma enorme e contínua irradiação de luz na coloração verde tomando conta do ambiente.

A energia salutar dos Orixás Naturais fundia-se aos fluidos animalizados dos médiuns e se espalhava pelo terreiro, atingindo as pessoas, principalmente por meio de seus chacras frontais.

Eram potentes fachos de luz verde trazendo irradiações de força e saúde para expandir os níveis de compreensão dos presentes e abrir os seus mentais para estados mais ampliados de consciência.

Para o apressado Cláudio, tudo aquilo parecia uma enrolação. Uma enorme perda de tempo. Ou, quem sabe, uma simples exibição daqueles médiuns.

---

45. Força, energia sagrada dos Orixás e dos Guias que trabalham na vibração desses Orixás.

O que ele não podia sequer imaginar é a enormidade de benefícios que cada um desses fundamentos traz para os frequentadores de um terreiro, especialmente para aqueles que se abrem para receber esses presentes da espiritualidade.

Como já foi mencionado anteriormente, em uma tenda de Umbanda tudo acontece por uma razão. Tudo tem um motivo.

Nada é desperdiçado. Nenhum tempo é perdido quando se está em um Templo de Luz.

Por isso, diz um dos mais famosos pontos cantados: "Umbanda tem fundamento, é preciso preparar"...

Aos poucos, Márcia e os outros médiuns que receberam[46] Oxóssi foram saindo do transe.

O atabaque parou e o silêncio tomou conta do ambiente.

Uma calma e uma tranquilidade pairavam pelo terreiro.

Até Cláudio já estava mais sereno.

A vibração intensa irradiada pelos Naturais de Oxóssi foi acalmando o rapaz de tal forma que ele quase já não se preocupava mais com o horário.

Novamente a equipe de Curimba começou a tocar, puxando um ponto para a descida de Caboclo.

Pai Luiz, o dirigente da casa, estava posicionado de frente para o Congá e, assim, foi dando passagem[47] para a chegada do Caboclo Rompe Mato, o Chefe Espiritual do Terreiro.

Ao final do ponto e já com o Caboclo em terra,[48] um dos médiuns solta um brado forte: "Salve a chegada do Caboclo Rompe Mato".

---

46. Na Umbanda, a expressão "receber uma entidade" significa conectar-se mediunicamente a essa entidade, por meio da chamada Mediunidade de Incorporação.
47. Dar passagem é o mesmo que incorporar.
48. Uma entidade em terra é o mesmo que incorporada.

Ao que os médiuns em coro respondem, também bradando: "Okê, Caboclo".

Esse ritual de saudar os Guias e os Orixás é uma prática muito comum e muito importante nos terreiros de Umbanda.

Ao fazer a evocação de uma Divindade ou ao receber um Orixá Natural no terreiro, é feita uma saudação específica.

Por exemplo, "Oxalá, meu Pai" ou "Epá Babá" é a saudação feita a Oxalá.

"Atotô, Obaluayê", é a saudação feita a Obaluayê.

Da mesma forma, são feitas saudações específicas para cada uma das Linhas de Trabalho.

Por exemplo, "Adorei as Almas", é a saudação feita aos Pretos-Velhos.

"É da Bahia, meu Pai", a saudação feita à Linha dos Baianos.

É bem verdade que nem todos os que frequentam um terreiro, inclusive muitos médiuns, têm a mínima noção da razão pela qual essas saudações são feitas.

A maioria acredita se tratar apenas de uma atitude respeitosa.

Mas, na verdade, além da demonstração de respeito, apreço e reverência às Divindades e aos Guias, as saudações funcionam como verdadeiros mantras.[49]

Por isso, as saudações feitas nos templos umbandistas são "frases de poder" que elevam a vibração do ambiente, que conectam as pessoas a uma realidade superior e que favorecem a manifestação das Divindades ou dos Guias evocados.

---

49. Um mantra é uma combinação de sons transcendentais que liberta nossas mentes das muitas ansiedades da vida e do mundo material, conectando-nos à espiritualidade.

Logo que chegou, Seu Rompe Mato pediu uma pemba para riscar seu Ponto.[50]

Esse é outro fundamento que as pessoas, em geral, desconhecem sua necessidade e sua importância. Os traços desenhados com a pemba não são apenas riscos. São traços mágicos capazes de abrir portais interdimensionais.

Da mesma forma que os sinais cabalísticos e outros traços utilizados nas Escolas de Mistérios, os pontos riscados em um terreiro são códigos de comunicação utilizados no Plano Astral para se ativar mistérios e magias.

Além disso, ao riscar o ponto, a entidade cria uma conexão mental e fluídica com todas as outras entidades que trabalham sob a mesma irradiação daqueles signos ou símbolos.

Em outras palavras, ao riscar o ponto, o Guia aciona toda a sua falange para o trabalho, criando uma grande egrégora espiritual para sustentar o trabalho a ser realizado.

Em seguida, os outros Caboclos foram chegando e, com seus passos firmes e seus brados fortes, foram ocupando o espaço destinado aos atendimentos.

Instantes depois, Cláudio foi chamado para conversar com o Caboclo Pena Branca.

"Salve, seu Caboclo", disse Cláudio de forma maquinal ao chegar na frente do Caboclo.

"Salve, moço", respondeu o Caboclo com sua costumeira firmeza na voz.

---

50. Um ponto riscado é um código que mobiliza as entidades que atuam em uma determinada falange. É uma espécie de comando dado por um Guia para chamar os espíritos que atuam na sua vibração e, consequentemente, direcionar as energias, os pensamentos, os poderes e os conhecimentos dessas entidades em favor dos trabalhos a serem realizados.

Cláudio, então, esperou para ver se o Caboclo falava alguma coisa, mas esse ficou quieto, deixando um desconfortável silêncio no ar.

Como não tinha outro jeito, Cláudio, um tanto constrangido, prosseguiu.

"Sabe, seu Caboclo, eu estou com um problema e preciso de ajuda".

O Caboclo permaneceu em silêncio, esperando que o rapaz continuasse. Apenas fumava seu cachimbo.

Diante daquele silêncio incômodo, Cláudio pensou consigo mesmo: "Eu aqui parado com esse baita problema e esse Caboclo só quer saber de fumar esse maldito cachimbo".

O Caboclo Pena Branca, como se tivesse lido os pensamentos de Cláudio, fez um comentário desconcertante:

"Pois é, seu moço, tem gente que pensa que nós fumamos apenas porque gostamos de dar um trago. Mas, essa não é a verdade. O que nós fazemos é usar os elementos contidos no fumo para descarregar as energias mais densas de quem chega aqui."

Diante das contundentes palavras, um arrepio subiu pela espinha de Cláudio. E o Caboclo arrematou:

"Se as pessoas se mantivessem mais conectadas com as elevadas vibrações da defumação, a gente não precisava defumar de novo".

Um misto de medo e respeito tomou conta de Cláudio, compreendendo que o Caboclo, de alguma forma, sabia o que ele tinha pensado.

Frente ao novo silêncio, o rapaz agora mais encorajado e mais respeitoso prosseguiu:

"Então, seu Caboclo, meu problema é com a Lurdinha que trabalha lá em casa. O senhor sabe como é, a carne é fraca e eu andei ficando algumas vezes com ela, quando a minha mãe saía de casa".

"O problema é que ela ficou grávida e eu não sei o que fazer. Não posso contar isso nem para a minha mãe".

"E agora a Lurdinha fica me colocando na parede, pedindo uma posição minha".

"Eu tô desesperado, seu Caboclo", finalizou Cláudio com uma nítida tensão no olhar.

O rapaz até tinha noção da gravidade dos fatos, mas somente naquele momento em que ele se abriu com o Caboclo, teve a exata dimensão da encrenca em que havia se metido.

Cláudio não trabalhava e ainda estava na faculdade, que sua mãe pagava com muita dificuldade.

Seu Pena Branca olhou com firmeza bem no fundo dos olhos de Cláudio e perguntou:

"E qual é a ajuda que você está buscando, seu moço"?

O rapaz não sabia o que responder diante daquela pergunta simples, mas absolutamente importante. Meio sem jeito, arriscou:

"Ah, eu não sei não, Seu Pena Branca. O que o Senhor pode fazer por mim"?

O Caboclo conseguia sentir as verdadeiras intenções do rapaz, mas, naquele momento, precisava que o próprio Cláudio colocasse para fora os seus pensamentos mais íntimos. Por isso, insistiu:

"Filho, como alguém pode ser ajudado se não sabe exatamente o que quer? Você me disse qual é o seu problema, mas precisa saber qual a ajuda que veio buscar aqui"!

Meio desnorteado com as emoções que se confundiam dentro de si, Cláudio acabou por revelar seus planos:

"Seu Caboclo, eu não tenho coragem nem dinheiro para mandar a Lurdinha tirar a criança. E também acho que ela não iria querer fazer isso".

Ainda com a cabeça baixa e sem olhar diretamente para o Guia, continuou o raciocínio:

"Então, eu pensei se vocês, quem sabe, não poderiam dar um jeito para que as coisas se acertassem naturalmente".

Mal terminou de fechar a boca, Cláudio percebeu que aquele tinha sido um pedido que não deveria ter sido feito para um Guia de Umbanda, especialmente para um Caboclo.

No fundo, ele estava pedindo para que a espiritualidade desse um jeito de interromper a gravidez de Lurdinha. Pedindo para que os Guias agissem contra a Lei e contra a Vida.

A expressão austera do Caboclo demonstrava toda a sua indignação diante de tão indecorosa solicitação.

Então, com voz grave, Seu Pena Branca respondeu:

"Seu moço, vou lhe dizer uma coisa. Eu estou aqui para ajudar as pessoas e não para julgar, ainda que muitas vezes as coisas que ouço me causem grande dor no coração".

Essas palavras firmes, mas ditas de forma respeitosa diante de tão desrespeitosa atitude, deixaram as faces de Cláudio vermelhas de vergonha. O rapaz não tinha coragem sequer de levantar os olhos para encarar o Caboclo.

Seu Pena Branca então continuou:

"Não vou aqui julgar sua pessoa, afinal quem de nós tem o direito de se achar melhor ou mais correto do que os outros? Somos todos passíveis de erros e apenas Deus pode julgar os Seus filhos".

"Mas, aceitar as pessoas como elas são, sem julgar, não significa concordar com seus erros. Por isso, agora, a melhor forma de te ajudar é mostrando a você o quanto as suas atitudes estão erradas".

"Filho, você quer mesmo ser ajudado? Você está disposto a ouvir algumas verdades que vão ser dolorosas, mas que certamente serão libertadoras para sua alma"?

Cláudio, apesar de inseguro com a situação, acenou positivamente com a cabeça.

"Sabe, filho, você está vendo aquela senhora de lenço na cabeça sentada lá fora? Ela está doente, muito doente. Chegou aqui bem antes de você".

"Quando você inventou aquela história para passar na frente dos outros, inclusive na frente dela, na verdade não estava enganando aquela senhora ou a médium que entrega as fichas. Estava enganando a você mesmo. Estava se enganando com os erros do egoísmo".

"Me desculpa, Seu Caboclo, me desculpa", disse o rapaz com a voz embargada sentindo-se realmente envergonhado por sua atitude.

"Quem sou eu para desculpar alguém, meu filho? Você é quem precisa se perdoar"!

E o Caboclo continuou:

"Olha só para você, moço! Apesar da gravidade da situação e apesar de se dizer desesperado com seu problema, chegou aqui louco para ir embora e fazer mais coisas erradas, enquanto a outra moça, que tem motivos reais para o desespero, está em casa carregando um filho seu"!

"Às vezes, filho, a vida nos traz grandes problemas para que a gente acorde para as nossas responsabilidades. Você já é um homem. Precisa agir como tal".

"Você não leva a sério nem os estudos que a sua mãe paga com tanta dificuldade"!

Cláudio não tinha o que dizer. O Caboclo sabia das coisas. E, mais do que isso, tudo o que fora dito era a mais pura verdade.

E, assim, aquela conversa ainda se estendeu por mais alguns minutos.

Seu Pena Branca falou sobre responsabilidade, sobre valores e sobre compromissos assumidos. Falou ainda sobre vaidade, sobre orgulho e sobre a importância de se enxergar as pessoas como parte de uma fraternidade humana.

E Cláudio, que ali chegou com tanta pressa, já não queria mais ir embora quando o Caboclo dele se despediu.

O rapaz, que não sabia o que queria e que chegou procurando ajuda para seu problema, saiu dali com a compreensão de que ele é quem deveria ter a solução para o "problema" que tinha causado para Lurdinha.

Cláudio foi para casa, não para a balada. Sair com a Suzana já não era mais sua prioridade.

Uma voz dentro dele dizia que ele precisava mesmo era pensar no que fazer para ganhar dinheiro e cuidar da criança que em breve chegaria ao mundo.

Naquela pequena conversa com o Caboclo, Cláudio pôde entender que ser homem vai muito além de sair com várias mulheres.

As palavras firmes e fortes de Seu Pena Branca ajudaram-no a compreender que mais importante do que tentar provar para o mundo que é um garanhão, é mostrar para si mesmo que é humano.

Ajudaram-no a perceber que querer ser mais esperto do que os outros é apenas uma tola ilusão, afinal o que nos torna melhores na vida é o bem que podemos fazer às outras pessoas.

Assim, Cláudio foi para casa. Mais equilibrado e mais sereno.[51]

Enquanto isso, o Caboclo esperava o próximo consulente, afinal a Gira estava correndo.

O rapaz tinha sido apenas o primeiro dos muitos que ainda passariam com ele naquela noite.

Ainda chegariam outros homens e outras mulheres.

Chegariam jovens e velhos.

Chegariam pessoas mais conscientes e pessoas menos equilibradas.

Viriam os mais estudados e chegariam os menos estudados.

Viriam os mais amorosos e os mais rancorosos. Viriam os ricos e viriam os pobres.

Viriam os feios e os bonitos. Os mais orgulhosos e os mais humildes.

Alguns viriam para pedir.

Outros viriam para agradecer.

Viriam aqueles que, ignorantes dos objetivos de um terreiro de Umbanda, pediriam o mal dos outros. Esses seriam devidamente orientados.

E viriam também aqueles que, imbuídos de profundo Amor, pediriam os favores da espiritualidade para aqueles

---

51. A história do Cláudio e as outras histórias que foram contadas neste livro são apenas recursos didáticos para entendermos alguns aspectos do desenvolvimento de uma Gira, bem como alguns fundamentos da Umbanda. É, pois, importante ressaltar que, às vezes, graças à abertura que algum consulente tenha para ouvir um conselho e a disposição para mudar uma atitude, somadas à intensidade e ao impacto emocional da mensagem de um Guia, acontecem mudanças profundas e imediatas na compreensão e no comportamento das pessoas. Todavia, essa não é a regra geral. Normalmente as mudanças acontecem de forma lenta e gradual, sobretudo porque as pessoas costumam precisar de tempo para aceitar suas responsabilidades nos processos de mudanças.

que precisam. Esses seriam abençoados e ajudados segundo os seus merecimentos.

Assim, naquela noite, ainda chegariam muitas pessoas para conversar com o Seu Pena Branca. Tal como também chegariam pessoas para falar com os outros Caboclos.

Da mesma forma como, em outras Giras, as pessoas iriam lá para falar com os Pretos-Velhos, com as Crianças, com os Boiadeiros, com os Ciganos, com os Marinheiros, com as Pombagiras e com os demais Guias de Trabalho daquela casa.

Essas são as pessoas que vão aos terreiros de Umbanda pelo mundo afora...

Pessoas com as mais diferentes características, mas que guardam em si um atributo que torna todas iguais: o fato de SER HUMANO.

Assim é uma verdadeira Gira de Umbanda...

Um lugar onde todos são vistos como irmãos, filhos do mesmo Criador.

Um Templo onde todos, independentemente de sua cor, origem, condição social, poder aquisitivo, grau de escolaridade, opção sexual ou qualquer outra diferença, são tratados como iguais.

Um Espaço Sagrado, onde abençoados trabalhadores da Luz, encarnados e desencarnados, se reúnem com o mesmo propósito: praticar o bem.

Um momento em que se revela a plena harmonia entre os planos material e espiritual, mostrando a infinita perfeição e o infinito equilíbrio da Criação Divina.

Uma oportunidade de se ter mais do que a crença, e sim a certeza da existência da vida além da matéria; afinal, a Umbanda é a manifestação do espírito para a caridade.

Uma religião sustentada pela Fé, pelo Amor, pelo Conhecimento, pela Justiça, pela Lei, pela Geração e pela Evolução, sentidos Divinos que regem a humanidade.

Afinal, isso é Um Banda – a Banda onde, em Deus, todos somos Um!

# Parte IV

Preces aos Sagrados Orixás e ao Divino Criador Olorum

## *Oração a Pai Oxalá*[52]

Amado Pai Oxalá, nesse momento elevo meu pensamento a Ti e rogo que fortaleça a minha fé.

Que as tuas Divinas vibrações cheguem à minha cabeça e me fortaleçam para que eu me torne cada vez mais capaz de acreditar no amparo da espiritualidade, sem precisar ver para crer.

Que eu sempre me recorde que acreditar sem ver é o oposto de acreditar sem pensar. Assim, rogo que me fortaleça para que a minha fé e a minha razão caminhem sempre lado a lado.

Que as tuas vibrações cheguem também ao meu coração e me fortaleçam para que eu transforme a minha fé no meu Criador em prática de caridade para com os meus irmãos.

Que o fortalecimento da minha Fé no Divino Criador fortaleça a minha capacidade de acreditar em mim mesmo e em cada um dos meus irmãos; afinal, fomos todos criados à imagem e semelhança do Pai Olorum.

Que eu jamais tenha abalada a minha fé na Lei Maior e na Justiça Divina, especialmente nos momentos mais difíceis em que passo pelas provações da vida ou naqueles em que me vejo como um espectador de maldades, injustiças ou afrontas a tudo aquilo que é Sagrado.

E por fim, meu amado Pai Oxalá, que a minha Fé seja refletida em minhas atitudes e que compreendendo que muitos são os caminhos que nos levam de volta ao seio do Criador, que eu jamais julgue a minha fé como melhor ou mais verdadeira que a Fé dos meus irmãos.

Que assim seja!

---

52. Oração recebida mediunicamente pelo autor.

## *Oração a Pai Oxóssi*[53]

Amado Pai Oxóssi, obrigado por permitir que os meus conhecimentos sobre a vida, sobre as verdades espirituais e sobre mim mesmo sejam aumentados pelas experiências do dia a dia.

E com o meu espírito em oração, peço que me ilumine para que eu aprenda a agradecer por todo e qualquer momento de felicidade e, sobretudo, para que eu seja capaz de transformar os momentos mais difíceis em experiências que fortaleçam o meu caráter.

Que a minha mente esteja cada vez mais livre dos véus do egoísmo, da vaidade e do orgulho que obscurecem a nossa compreensão das verdades espirituais.

Que sua Divina Luz me ilumine, a fim de que eu aprenda, cada vez mais, a reverenciar a Amada Mãe Natureza, amando as plantas e os animais como meus verdadeiros irmãos.

Que nesse contato íntimo com a Mãe Natureza eu possa conhecer mais profundamente a minha própria natureza e a natureza de todos aqueles que a Providência Divina coloca em meu caminho.

E que conhecendo a natureza da humanidade eu seja capaz de deixar de lado o julgamento, a crítica e injúria e substitua esses sentimentos humanos pelos sentimentos divinos da compreensão, do perdão e do amor.

Que assim seja!

---

53. Oração recebida mediunicamente pelo autor.

## *Oração a Pai Obaluayê*[54]

Amado Pai Obaluayê, Senhor das Passagens, Senhor da Cura, Divino Trono da Evolução, obrigado pela cura que se processa a cada dia em meu espírito.

Obrigado pelas experiências que me fazem evoluir e que me levam de volta ao Meu Divino Criador Olorum.

Papai Obaluayê, rogo que eu, apesar das minhas faltas, das minhas falhas e das minhas fraquezas, possa receber a sua Divina Luz e que eu possa humildemente irradiá-la à minha volta.

Que eu possa, apesar das minhas muitas imperfeições, ser amparado pelo seu Trono Sagrado e, humildemente, servir de luz para aqueles irmãos que também precisam de amparo em sua caminhada.

Que eu possa ser um portal vivo de luz, humildemente ajudando aos irmãos que estiverem perdidos a te encontrarem e, por intermédio de ti, chegarem ao nosso Pai Maior.

Que eu possa entender cada dia como uma oportunidade de renascimento e fazer de cada relação humana uma oportunidade de redenção para mim e para os outros.

Peço a sua Divina Luz, para que eu possa, por meio da caridade pura, ajudar os irmãos mais necessitados a compreender a Lei Maior e, pela bondade, ajudá-los a compreender a Justiça Divina.

Amado Papai Obaluayê, rogo que vele pela minha caminhada e peço, a cada momento que meus passos se desviarem do caminho da retidão e que minhas ações me impeçam de subir, que Sua Bondade me chame para minha

---

54. Oração recebida mediunicamente pelo autor.

responsabilidade e me relembre que a minha vontade divina pode ser maior do que meus desejos humanos.

E peço ainda que nos momentos que minha ignorância e minha imaturidade espiritual me fizerem cair, que o Senhor me ampare em seus braços amorosos, diminuindo a dor da minha queda e me recolocando no caminho de subida ao Pai

Que assim seja!

## *Pai-Nosso Umbandista*

Pai Nosso, que estás nos céus, nas matas, nos mares e em todos os mundos habitados.

Santificado seja o teu nome, pelos teus filhos, pela natureza, pelas águas, pela luz e pelo ar que respiramos.

Que o teu reino, reino do bem, do amor e da fraternidade, nos una a todos e a tudo que criastes, em torno da Sagrada Cruz, aos pés do Divino Salvador e Redentor.

Que a tua vontade nos conduza sempre para o culto do amor e da caridade.

Dá-nos hoje e sempre a vontade firme para sermos virtuosos e úteis aos nossos semelhantes.

Dá-nos hoje o pão do corpo, o fruto das matas e a água das fontes para o nosso sustento material e espiritual.

Perdoa, se merecermos, as nossas faltas e deposita em nossos corações o sublime sentimento do perdão.

Não nos deixe sucumbir ante a luta, os dissabores, as ingratidões, as tentações dos maus espíritos e as ilusões pecaminosas da matéria.

Envia-nos, Pai, um raio de tua Divina Complacência, luz e misericórdia para os teus filhos pecadores que aqui habitam, pelo bem da humanidade, nossa irmã.

Que assim seja!

# Referências Bibliográficas

ADOUM, Jorge. Adonai. São Paulo: Ed. Pensamento, 2008.

ALMEIDA, João Ferreira. A Bíblia Sagrada. Brasília: Sociedade Bíblica do Brasil, 1969.

ASHCROFT-NOWICKI, Dolores. O Ritual na Magia e no Ocultismo. São Paulo: Ed. Pensamento, 1982.

ÁVILA, Rogério e outros. Umbanda e seus Graus Iniciáticos. São Paulo: Ed. Ícone, 2006.

BLAVATSKY, Helena P. O Ocultismo Prático e as Origens do Ritual na Igreja e na Maçonaria. São Paulo: Ed. Pensamento, 2009.

BORGES, Wagner. Flama Espiritual. São Paulo: Ed. do Autor, 2007.

BRUNTON, Paul. O Egito Secreto. São Paulo: Ed. Pensamento, 1967.

CAMAYSAR, Rosabis. O Caibalion. São Paulo: Ed. Pensamento, 2011.

CAMPBELL, Joseph. O Poder do Mito. São Paulo: Ed. Palas Athena, 1991.

CUMINO, Alexandre. Deus, Deuses, Divindades e Anjos. São Paulo: Madras Editora, 2008.

_____. Alexandre. História da Umbanda. São Paulo: Madras Editora, 2010.

EINSTEIN, Albert. A Teoria da Relatividade Especial e Geral. Rio de Janeiro: Ed. Contraponto, 1999.

KARDEC, Allan. O Livro dos Espíritos. São Paulo: Ed. Lake, 1999.

LEVI, Eliphas. História da Magia. São Paulo: Ed. Pensamento, 1995.

LINARES, Ronaldo e outros. Iniciação à Umbanda. São Paulo: Madras Editora, 2008.

MIRANDA, Hermínio C. Diálogo com as Sombras. Rio de Janeiro: Federação Espírita do Brasil, 2009.

OLIVEIRA, José Henrique Mota de. Das Macumbas à Umbanda. Limeira: Ed. do Conhecimento, 2008.

OLIVIER, Frederick e outros. Entre Dois Mundos – A História da Atlântida e da Lemúria Perdida. Limeira: Ed. do Conhecimento, 2006.

PEIXOTO, Norberto. A Missão da Umbanda. Limeira: Ed. do Conhecimento, 2006.

PINHEIRO, Robson. Aruanda. Contagem: Ed. Casa dos Espíritos, 2004.

_____. Tambores de Angola. Contagem: Ed. Casa dos Espíritos, 1998.

_____. Sabedoria de Preto Velho. Contagem: Ed. Casa dos Espíritos, 2003.

_____. Corpo Fechado. Contagem: Ed. Casa dos Espíritos, 2009.

_____. Legião. Contagem: Ed. Casa dos Espíritos, 2006.

ROSA, Celso Alves. Umbanda para Todos. Rio de Janeiro: Ed. Eco, 2005.

Saraceni, Rubens. Doutrina e Teologia de Umbanda Sagrada. São Paulo: Madras Editora, 2010.

_____. Os Arquétipos da Umbanda. São Paulo: Madras Editora, 2009.

_____. Livro de Exu. São Paulo: Madras Editora, 2010.

_____. Orixá Exu. São Paulo: Madras Editora, 2009.

_____. Tratado Geral de Umbanda. São Paulo: Madras Editora, 2009.

_____. O Código da Escrita Mágica Simbólica. São Paulo: Madras Editora, 2007.

SCHURÉ, Èdouard. Os Grandes Iniciados. São Paulo: Madras Editora, 2011.

VIEIRA, Lurdes de Campos. A Umbanda e o Tao. São Paulo: Madras Editora, 2004.

## Leitura Recomendada

### Sou Médium o que fazer agora?
*Psicografado por Mariângela Muselli*

A mediunidade é um dom dado por Deus, para que o homem consiga aperfeiçoar seu íntimo e seus instintos. Está na hora de aprender e evoluir. Como diz o espírito Pai José de Aruanda: "Quando pensamos que sabemos tudo, está na hora de aprender tudo de novo". Esse livro é a resposta de uma pergunta que a autora fez um dia a um mentor espiritual: "Sou médium, e agora?".

### Súplicas de Devoção a Deus, aos Orixás e aos Homens
*Nívio Ramos Sales*

Essa é uma obra dedicada aos amantes do conhecimento mágico e religioso popular. São súplicas dirigidas ao coração de Deus, aos Orixás e aos espíritos que se manifestam nos terreiros de Candomblé e da Umbanda, bem como aos diversos santos e anjos. As orações também homenageiam a mãe Natureza e os sentimentos que o homem manifesta no seu dia a dia. As súplicas são destinadas a todos aqueles que vivem seus momentos de aflições, quando o ser humano implora aos poderes divinos para ser atendido nas suas dificuldades do cotidiano.

### Na Gira da Umbanda
Nos Toques de Angola e Congo

*Severino Sena*

O mestre de curimba Severino Sena traz nessa obra a experiência de mais de 20 anos em sala de aula, ministrando cursos para novos Ogãs. A base deste trabalho é ensinar os aprendizes a tocar e cantar os diversos pontos e toques de Angola e do Congo, de modo tranquilo, para não forçar demasiadamente nenhuma das mãos do atabaqueiro. O autor também mostra alguns pontos que são tocados e cantados em outros toques, de modo a ampliar o conhecimento do aluno. Acompanhando esse livro há um CD com todos os pontos apresentados na obra.

www.madras.com.br

## Leitura Recomendada

### Contos de Aruanda

E algumas mensagens de fé, paz e evolução

*André Cozta*

Esse livro traz aos umbandistas, em uma linguagem simples e direta, mensagens do Senhor Mestre Mago da Luz Preto-Velho Pai Thomé do Congo acerca da vida, especialmente no que tange às práticas e atitudes dos adeptos da religião de Umbanda Sagrada, neste momento de mudanças pelo qual passa o planeta. É uma obra que pretende chegar às mãos do maior número possível de umbandistas, e que deve ser lida antes de tudo com o coração.

### O Cavaleiro na Encruzilhada

O Confronto

*Joubert Zampieri*

No tempo antigo, em 1200 a.C., começa a escuridão na Terra, com o plantio do mal, assustadoramente. Lá ela estaria, aguardando a conquista do território, onde havia estabelecido uma enorme corrente negra, a surgir e caminhar para destruição em massa dos seres humanos, sem dó nem piedade. A Lei Divina então avança com seus cavaleiros à procura daqueles que desarmonizavam e destruíam a vida humana. Apenas esses grandes guerreiros, sob o amparo do Criador, vêm em busca de eliminar a todos do mal, para futuramente não deixar que atinjam aquela região.

### Sou Exu

Eu Sou a Luz...

*Joice Piacente*

José, um espírito perdido em si mesmo por vários séculos, não aceitando sua nova condição após ser assassinado brutalmente por ter cometido uma traição e por não aceitar ser culpado de tantas mortes, foi obrigado a ser serviçal de um espírito das trevas, o Senhor das Sombras, que, por vingança a José, construiu seu império do mal, a princípio ocultando sua real intenção.

Sou Exu, é um romance envolvente que mostra a necessidade de se melhorar como pessoa e como espírito, de maneira simples, por meio do amor e dos conhecimentos adquiridos.

www.madras.com.br

Este livro foi composto em Times New Roman, corpo 12,5/13,5.
Papel Offset 75g
Impressão e Acabamento
**Yangraf Gráfica e Editora – Rua Três Martelos, 220 – Tatuapé – São Paulo/SP – CEP 03406-110 – Tel.: (011) 2195-7722**